小学校英語サポートBOOKS

小学校英語×ICT Part2

学びが深まる！
活用術&授業アイデア

Apple Distinguished Educator
東口貴彰

明治図書

はじめに

　GIGA スクール構想により，ICT がすべての学校に普及し，子どもたち一人ひとりがデバイスを活用できるようになりました。この時代の流れに乗り，多くの先生方も授業をアップデートされ，ICT を活用した授業のあり方を模索し，日々実践を積み重ねてこられたのではないでしょうか。

　私が前著『小学校英語×ICT 「楽しい！」を引き出す活動アイデア60』を執筆させていただいた後，ICT を活用した授業のあり方を考えていらっしゃる先生や教育委員会の方々からたくさんお声がけをいただき，とりわけ小学校外国語科・外国語活動の授業における ICT を活用した授業のあり方やその具体的な実践事例をご紹介させていただく機会が増えました。

　その中で，多くの先生に共感いただいたことの 1 つに，私が ICT を活用する際に必ずその「目的」を明確にしているという点がありました。ICT は，その目新しさから，ついついその機能面に目が行きがちであり，「言語活動の楽しさ」と「ICT を活用することの楽しさ」を混同してしまうケースも多くあります。無論，「ドリル的な活動」において，ゲーム的な要素の中に言語的要素を入れて反復することで，英語表現の定着を図るといったこともありますが，純粋な言語活動において，目的を考えずに ICT を活用することで「ICT を活用したことの楽しさ」だけが残って英語表現の印象が薄れてしまったり，それによって言語活動をする時間が減り，むしろ逆効果になってしまったりすることも少なくありません。

　右の写真は ICT を活用した言語活動の一例です。写真の子たちが，ICT を活用して，相手の目を見たりジェスチャーをしたりしながら，とても自然なやり取りをしていることがわかると思います。これは，自分のデバイスに入っている写真の中から 1 枚だけを選び，

それを使って自分の好きなことを紹介している場面です。

　ここで，どうして私が ICT を活用する場面を設けたのかを想像してみてください。別に ICT がなくても，Key Sentence を使って英語のやり取りをすることはできます。しかし，Key Sentence だけではなく「即興的なやり取り」をさせることを目的とするならば，ICT を活用し，先述のような写真（＝視覚情報）を提示することで，話題となる情報が増え，目に映ったものに関して新たに疑問文をつくったり，相槌表現を言ったりと，当然使える英語表現の幅が広がるのです。また，ICT を使うことで，事前に子どもたち（あるいは教師）が写真を印刷しておくなどの手間も省くことができます。この実践は，ただデバイスに写真を映しただけですが，そこにもきちんと目的はあるのです。もちろん，そもそもどうしてこのような活動を設定したのかなど，授業や単元づくりの根幹となる部分にも意図や目的はあります。授業の本質とは何かをきちんと見極めた上で，子どもに身に付けさせたい資質・能力，さらには授業をする（準備する）際の効率等，様々な面で教師が目的や意図をもって ICT を活用する場面を設定すれば，今までの学習の手段ではできなかった，様々な実践をすることができるようになるのです。

　さて，前著では ICT を「コミュニケーションを豊かにするためのツール」として「提示ツール」「共有ツール」「発表ツール」「記録ツール」「通信ツール」の 5 つに分類し，具体的に 60 の事例をご紹介しました。今回はそれらに加え，コロナ禍におけるオンライン学習の機会や，自宅学習において個別で学びを深める機会，または BYOD 社会に伴う家庭と学校との連続した学びの機会の増加に伴い重要視されるようになってきた，英語の知識・技能面を個々の能力に応じて直接的に高めていくための使い方（＝「個別学習ツール」）を含め，ICT を活用する「場面」や「目的」を具体的に明らかにしながら，新たに数多くの実践事例をご紹介させていただきます。本書でご紹介する実践事例を参考に，そこに皆様のアイデアが加わることで，子どもたちの学びがより豊かなものになれば幸いです。

東口　貴彰

CONTENTS

Chapter 3

学びが深まる！
小学校英語×ICTの授業アイデア

3・4年生編

Chapter **4**

学びが深まる！
小学校英語×ICTの授業アイデア
5・6年生編

Chapter 1

明確な目的を
もって
ICT を活用しよう

01

なぜ英語の授業で ICT を活用するのか？

ICT を活用することで子どもたちの学び方の幅が格段に広がる

　英語の授業に限らず，授業で ICT を活用することで，子どもたちの学び方の幅はぐんと広がります。前著である『小学校英語×ICT 「楽しい！」を引き出す活用アイデア60』（明治図書，2020）でも述べてきましたが，ICT を「効果的に」活用すると，コミュニケーションが豊かになり，結果的に自然と英語を活用するようになります。また，ICT の特性をうまく活かすことで，**45分という「授業時間」や，教室という「空間」，さらにはコミュニケーションをする「相手」にとらわれず，より自由な発想で授業を構成することができる**ようにもなります。

　そうなることで，子どもたちは「学びたい時」に，「ともに同じ目的をもった友達」と「場所を選ばず」学ぶことができ，さらに，より「多くの手段」を使って自分たちの考えをアウトプットできるようになるのです。

　とはいえ，最初に「効果的に」と書いた通り，教師がきちんとその目的を考え，意図をもって適切に ICT を使う場面を設定しなければ，むしろ逆効果になってしまうこともあります。

「置き換える」という発想を捨てる

　ICT というものは，今まで紙や鉛筆などを用いて行ってきた学習のスタイルと時に融合して新しい授業形態や学びのあり方を実現したり，時にはそれとは全く違ったアプローチで授業をつくったりすることができるものです。

　とはいえ私も最初は，なかなか今までの学習スタイルを単に ICT に「置き換える」という発想を捨てることができませんでした。しかし，そこから

一歩踏み出すことができるようになると、子どもたちの英語の授業に対する姿勢が変化しただけでなく、多くの子が創造性を発揮しながら、楽しんで英語という言語に向き合えるようになってくるのです。

📱 手段は「経験」から子ども自身が考える

　私は、アナログ的な活動を否定するつもりはありません。というのも私自身、ICT を活用するようになり、「あぁ、これは ICT を使わない方がよかったな…」のような失敗もたくさん経験してきたからです。これは、授業の効率という点でも、教科の本質との整合性の点でもです。当然ですが、紙や鉛筆を活用して考えをまとめたり、出し合ったり、実物から経験したりすることの方が ICT を使うよりはるかに効果的ということも多々あるのです。

　と、この話で私がお伝えしたいことは、私は「授業」を通してそのような場面を今までたくさん「経験」したからこそ、それを見極めることができるようになったということです。**「経験」なくして「アナログがいい」「ICT を活用した方がいい」という論争を行い、教師が凝り固まってどちらかを否定してしまうと、それは子どもの「経験」する機会を奪うことになります。**実際、私が受けもっている子どもたちは、「画用紙とマジック貸してください！iPad じゃ時間がかかるので！」「相手に伝わりやすいように iPad を使って動画をつくります！」のように「場面」や「目的」に応じて ICT を活用するかどうかを自らで判断しています。ICT を使うかどうかは教師が決めることではなく、「場面」や「目的」に応じて、使用する子ども自身が適切に考えて選ぶべきなのです。ICT はあくまで学びの「手段」の１つです。その「手段」を最終的には教師ではなく、子ども自らが意図をもって選択できるようにしていくことが、最も大切なことなのではないでしょうか。

02

「○○したい」(目的・意図)を
叶える ICT

小学校英語における ICT 活用の場面や目的

　小学校英語における ICT 活用の場面や目的は多岐にわたっています。とはいえ，小学校英語の授業の中で ICT を活用する場面はおおよそ以下の3つに集約できるのではないかと考えます。

> ① 「コミュニケーションを豊かにし，自然と英語表現を身に付けさせたい場面」
> ② 「直接的・効果的に英語の技能を習得させたい場面」
> ③ 「文法的な事柄など，言語に関する気づきを促したい場面」

　換言すると，①はコミュニケーション活動を豊かにするための ICT 活用であり，②と③は直接的に英語の知識・技能を向上させるための ICT 活用です。ただ，これらは相互に作用することもあり，②や③の場面で子どもたちのコミュニケーションが豊かになることもあります。これらを分類すること自体に意味はありませんが，教師自身がどんな場面で，何の目的で ICT を活用させているのかということを考える判断材料としてお考えください。

①「コミュニケーションを豊かにし，自然と英語表現を身に付けさせたい場面」

　こちらは前著書である『小学校英語× ICT「楽しい！」を引き出す活用アイデア60』(明治図書，2020)にもまとめさせていただきましたが，デバイスを媒介とし，子ども同士のコミュニケーションを豊かにさせるための手段としての ICT 活用になります。前著でもご紹介した通り，私は，子どもた

ちのコミュニケーションを豊か
にするための ICT を，①「提
示ツール」②「共有ツール」③
「発表ツール」④「記録ツール」
⑤「通信ツール」の５つのツー
ルとして活用しています。どの
活用の仕方も，ドリル的に英語
表現を身に付けたり，「個人」

で英語の技能を伸ばしたりするという発想ではなく，ICT を様々なツールと
して効果的に活用する中で，他者とのコミュニケーションを豊かにし，それ
が結果的に英語の技能及び，思考力・判断力・表現力の習得に結びついてい
く，という考え方です。

　当然これらは，コミュニケーションをより豊かにするために，複合的に活
用することもあります。たとえば，子どもたちが ICT を活用して「記録」
したものをもとにクイズをつくり，それを，ICT を活用して「発表」するよ
うな場合もあります。その「発表」を海外の小学校と「通信」をする中で行
うこともあります。その子どもたちの発表の様子や相手の反応する姿を，教
師が ICT を活用して「記録」しておき，次の授業で子どもたちに「提示」
することで，新たなコミュニケーションに発展するきっかけになることもあ
ります。重要なことは，コミュニケーションを豊かにするための ICT を「5
ツール」に厳密に分解して考えることではありません。あくまで「ICT はこ
ういう使い方ができるんだ」ということを教師が知っておく（＝引き出しを
もっておく）ことで，「今までの学習のスタイルをただ ICT に置き換えた授
業」から一歩抜け出すきっかけにしていただければと思います。

②「直接的・効果的に英語の技能を習得させたい場面」
③「文法的な事柄など，言語に関する気づきを促したい場面」

　一方この２つは，直接的に子どもたちの英語の技能を習得・向上させたり，

言語に関する気づきを促す中で，子どもの理解を深めたりすることを目的としたICTの活用方法となります。昨今，COVID-19の影響でオンライン学習や自宅学習をする機会が増える中，子どもが1人でも英語の技能を伸ばすことができるようにするために，
ICT活用はとても重要な役割を担ってきます。

　たとえばAIなどを活用することで，子どもたちの英語のスキルを客観的に分析し，そこから得られたフィードバックをもとに，子ども自らが自身の英語を捉え直すこともできます。もちろん，先述の5ツールだけでなく，こういった「個別学習ツール」としてのICT活用の中でも，子どもたち同士での学び合いが生まれることはあります。子ども同士で言語的な気づきや疑問を出し合い，そこから文法的なルールなど，様々な事柄に自分たちの力でアプローチしていくことは，知識や技能を習得する上で，とても重要な要素の1つなのです。

今までの概念にとらわれない，創造的な学習スタイルを実現

　上記のように，ICTは様々な場面で活用することができます。また，①〜③の活用方法を適切な場面で，教師自身がきちんと目的をもって効果的に組み合わせることにより，今までの授業の概念にとらわれない，とても創造的で，子どもたち自身で学びを深められる授業を構築することができるようにもなります。そこでまず，Chapter2では場面や目的別のICTの活用方法についていくつか実践事例をご紹介させていただきます。

Chapter 2

目的別でよくわかる!

小学校英語
の
ICT 活用術

フィードバックをもとに，自発的に発音練習させたい！

⓪① 音声入力機能を活用しよう

ツール：iPad の音声入力機能

 「音声入力」で即時にフィードバック

　こちらは，特別なアプリを活用しなくても，できる方法です。たとえば「メモ」や「Pages」などを立ち上げ，「音声入力」をします。正しい発音で英語を話すことができていれば，的確な音声入力ができます。

　また，音声入力された文字は選択して「翻訳」をタップすれば，正しい発音で読み上げてくれます。もちろん，「読み上げ」で確認するのではなく，そこから「文字指導」につなげることもできます。

　ちなみに，私が開発した「Rabbits-えいごで言ってみよう」というアプリ（P.32参照）を活用しても自分の発音を即座に文字化してくれます。こちらの使い方については後述します。

💡 Point!!

　自分自身の英語の発音が正しいかどうかを子どもたちの力だけで判断したり，アドバイスをし合ったりするのは難しいことです。しかし，的確なフィードバックがあることで，子どもたちは自分自身で自己の発音をしっかりと意識しながら，技能を伸ばしていくことができるのです。

英語のリズムやアクセントに気づかせたい！

02 ボイスメモなどの波形を提示しよう

ツール：ボイスメモ

発音は「視覚化」できる？

　ボイスメモで英語を録音すると，それが波形として視覚化されます。発音を視覚化することで，自分とALTとの発音の違いに気づくだけでなく，そこからどういった部分が違うのか，予想を立てることもできます。

　たとえばこちらの2つの画像を見てください。これらはALT（左）と子ども（右）が "What are you doing?" という英語表現をともに録音したものです。これを見ると，たとえば波形の「山」の数に違いがあることに気づきます。ALTは "What" と "doing" にアクセントを置いているのに対し，発音に慣れていない子どもは "What" "are" "you" "doing" の4単語を1つずつ均一に発音していることがわかります。

ALTの発音

子どもの発音

　また，波形の長さも両者で異なっていることから，ALTが単語同士をつなげて発音していることにも気づくことができます。こちらについてはChapter4（P.104）で実践を紹介しているため，そちらをご参照ください。

Point!!

　聞くだけではなかなか気づきにくいことでも，視覚化することで，子どもの気づきを促し，そこから学びを深めることができるようになります。

リズムを感じながら語彙や英語表現を習得させたい！

03 GarageBand でリズムを意識させよう

ツール：GarageBand

 フレーズごとリズムに合わせて語彙習得

　語彙習得をさせる際，リズムパートに合わせると，子どもたちはノリノリで何度も英語をアウトプットします。しかし私は，ただリズムに合わせて単語を言わせるのではなく，その日に学習する英語表現の中に単語を入れた状態でアウトプットさせる（フレーズとしてアウトプットさせる）ようにしています。この際，リズムの取り方は，基本的にフレーズの中の「強勢」の部分を意識できるようにします。

　リズムパートのつくり方は簡単。GarageBand の "Smart Drums" を活用します。Slide Over を活用してイラストなどを提示しながらリズムを再生することもできます。もちろん，テンポも変更できるので，子どもの実態に応じて上げていくと，さらに盛り上がります。最終的には最初のテンポに戻すととてもゆっくりに感じられ，それが子どもの自信にもつながりますよ。

Point!!

　右の写真のように，リズムパートをロイロノート・スクールなどに書き出し，文字と組み合わせることもできます。さらに Split View でフラッシュカードを提示することもできます。ロイロノート・スクールでも速度を変化させることは可能です。

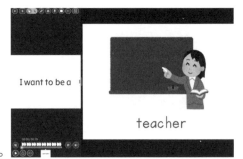

ローマ字の学習から音声指導に結びつけたい！

04 逆再生を活用しよう

ツール：GarageBand

 日本語を逆再生する・逆再生して英語にする

　たとえば日本語で「トマト」と録音して，GarageBand で逆再生します。すると「トマト」とは再生されません。理由は，日本語には必ずすべてのひらがなに母音が含まれているからです。ローマ字で "tomato" と書き逆から読むと "otamot" になります。この最後の "t" だけの音に着目することから，母音と子音の導入をすることができます。

　また，次の時間に「新聞紙」をローマ字にしてから逆さまに読み，それを逆再生する活動をすることで，"sh" のような複合子音についても知ることができます。"i sh nu b n i sh" と一つひとつの音を正確に発音し，逆再生することで，本当に「新聞紙」に聞こえるのです。母音や子音の音をきちんと発音しないと当然「新聞紙」には聞こえません。ちなみに ALT の先生に発音してもらい逆再生すると，本当に綺麗な「新聞紙」に聞こえるから驚きです。

🗨 Point!!

　目的がはっきりしている分，この活動をすると，みんな一生懸命子音の発音の練習をするようになります。子どもの気づきから音声指導がスタートできるのも，この活動の大きなポイントの１つです。

Chapter2

目的別でよくわかる！ 小学校英語のＩＣＴ活用術

音声を意識しながら，同時に英語表現を定着させたい！

05 AI（アシスタント機能）に認識させよう

ツール：Siri など

AI との会話がフィードバックになる

友達との会話の場面では，友達から自分の発した英語の的確なフィードバックをもらうことは難しいでしょう。

しかし，AI であれば，確実に正しい発音で英語を発しない限り，認識してくれません。逆に，正しい発音，正しい表現であれば，AI は的確に返事をしてくれます。練習の仕方は簡単。Siri の言語設定を「英語」にし，そのまま英語で Siri に話しかけるだけです。"Hello." "Nice to meet you." のような挨拶表現や "What time is it now?" "How's the weather today?" "Where is 〜?" といった質問をすると，Siri はきちんと返事をしてくれます。

英語表現をただアウトプットするだけでなく，AI に認識されたいという思いから，発音もしっかりと意識できるようになります。

Point!!

友達同士の会話だと，少々表現が間違っていたり，発音が間違っていたりしてもそのまま流して会話が進みます。また，そういったやり取りを先生が把握し，個々にアドバイスすることは難しいです。しかし AI を相手にすることで，自己のアウトプットした英語表現に対する的確なフィードバックがあることに加え，AI に認識される達成感から，子どもたちは次も正しく認識されようと，何度も英語をアウトプットするようになります。

英語を聞く力を身に付けさせたい！（読む力につなげたい！）

06 ICT を使って Shadowing をしよう

ツール：Keynote ／ロイロノート・スクールなど

聞いたことを即座にアウトプットする

Shadowing は Repeating のように，お手本を最後まで聞いてから，繰り返して英文を言うのではなく，聞こえた瞬間から即座に聞こえたままに英語を発音していきます。たとえば以下のようなイメージです。

【Repeating】	【Shadowing】
T：Hello.　　My name is ～.　　Nice to...	T：Hello. My name is ～. Nice to meet you.
C：　　Hello.　　　My name is ～.	C：　Hello. My name is ～. Nice to...

Keynote やロイロノート・スクールなどで，Reading 教材や会話のスクリプトを文で入れておき，それに ALT による音声を録音しておきます。基本的にはスクリプトは見せずに，音声だけを子どもたちに聞かせて，Shadowing をします。ロイロノート・スクールの場合は，音声の速度も変更が可能ですので，最初は速度を「1.25」や「1.5」に設定し，最後に元のスピードである「1.0」にすると，早い速度に耳が慣れ，とてもゆったりと感じられるようになるため，それが子どもの自信にもつながります。

Point!!

ちなみにスクリプトを見せながらこの練習を繰り返していると，文字と音声がいつの間にかリンクされ，そこから「読む」技能にも結びついてきます。ALTが発音している映像だけを見せることで，

口形を示すのもいいですね。アレンジの仕方は，先生が考える目的次第です。

Chapter2　目的別でよくわかる！小学校英語の ICT 活用術

言葉によるやり取りにフォーカスさせたい！

07 意図的にコミュニケーション手段を限定しよう

ツール：FaceTime/ Zoom など

 音声通話の活用

コミュニケーション手段は，時として「減らす」ことにより，より１つの技能を伸ばすことにもつながります。

たとえば FaceTime や Zoom を活用することで，純粋に「話す」「聞く」というコミュニケーション手段に限定されることになります。ノンバーバルコミュニケーションも当然大切な要素ですが，「言葉によるコミュニケーション」を身に付けさせることが目的であれば，このような手段はとても有効な手段になります。

また，２枚目の写真のように，ALT の表情を子どもたちに示してあげることで，「あれ？　今の表現，伝わってないのかな？」のように，自己の英語表現を見つめ直すきっかけにもなります。この辺りは学級の実態や目的に応じてアレンジしてください。　（Chapter 4 P.136参照）

Point!!

「技能を伸ばすために，コミュニケーション手段を減らす」。矛盾した考え方のようにも思えますが，むしろ減らされた手段で今まで伝えていた部分を「言葉によるコミュニケーション」で補う必要が出てくるのです。

スクリプトを見ずに自然な会話をさせたい！

08 会話をしている子どもたちの姿を提示しよう

ツール：カメラ

 ### 自分たちの会話している様子を客観的に知る

会話文にスクリプトがあったり，自分たちで台本をつくったりすると，子どもたちはそれを見ながらお話をします。しかし，これは本来の「話す力」では当然ありません。たとえスクリプトがあったとしても，その通りに話すのではなく，自分の意思で，場面や状況に応じて英語表現をアレンジしても当然構わないわけです（むしろその方が望ましい）。

そこで，子どもたちのやり取りの様子を写真で撮影しておき，後ほど提示します。すると子どもたちは「これって，会話じゃ

ない！」「読む時間になっている！」と反応します。特に英語の学習が始まった初期段階でこういったことを意識することは，後々のコミュニケーション活動に大きな影響を与えることになります。

Point!!

3年生ぐらいの子どもたちであれば，次から早速スクリプトを見ずに話すようになり，むしろその姿を撮影してほしいと，とてもアピールするようにもなってきます（笑）。続けていると，アイコンタクトをしながら自然に会話をすることができるようになってきますよ。

Chapter2

目的別でよくわかる！小学校英語のICT活用術

会話表現を個別学習で習得させたい！

ビデオに映った自分と会話しよう

ツール：カメラ

 相手の会話表現を録画し，それと会話練習をする

事前にスクリプトが用意された会話表現を練習する際に効果的な方法です。2人での会話練習の際，相手側のセリフをあらかじめビデオに録音します。その時，会話が自然につながるようにするため，子どもたちは当

然自分側のセリフの長さや，自分が何か相槌を入れる場合など，様々なことを想定して空白時間やジェスチャーを入れなければなりません。録画が終われば準備は完了。後はその映像と自然に会話をするだけです。

自然に流れるように会話ができると，感動する子どもたちも多いはず。みんなの前で発表する意欲も湧いてきます（Chapter3のP.52で具体例を紹介しています）。これなら，家で1人でも会話練習ができますね。

💡 Point!!

この「様々なことを想定して」録画するという部分が大切です。いろんなことを思考しながら録画をし，そしていざ会話練習をした時に「あれ，もう少し間が短くてもよかったな」のようにつまずけば，進んで動画を修正します。これを繰り返すうちに，自然と英語表現が身に付くのです。そして，この練習をした後に友達同士で会話をすると，本当に自然な会話ができるようになります。

感情を込めて英語を発話させたい！

10 その人になりきろう

ツール：PhotoSpeak/Avatarify：AI Face Animator

 ## ただアウトプットする以外の工夫を！

写真を取り込み，目と口の位置を調整することで，その写真に映ったものを動かしたり，お話をさせたりできるアプリケーションがあります。活用することのメリットは次の2点です。

1点目は，その人になりきってお話を することで，感情を込めて英語を発話さ

せることができるという点です。ただ単に英語をアウトプットするのではなく，そこに感情の要素が加わることで，より英語表現の意味の理解や，その表現を使う場面・状況などを把握しやすくなります。2点目は，特に時制や三人称などの要素を排除してアウトプットできるという点です。そもそも第三者に自分がなりきってお話をするので，主語は当然一人称になりますし，過去の人物になりきることで，過去形を使わなくていい場面も出てきます。とりわけ英語学習の初期段階にある学年では，語彙を定着させつつ，複雑な文法事項も同時に習得させる場面を設定すると子どもに混乱が生じてしまう恐れがあります。しかし，指導内容が単純化される分，より多くの情報を簡単な表現で楽しくアウトプットできるようになるのです。

過去の偉人や自分にとってのヒーロー，自分でつくったキャラクター，身の回りのものなど，あらゆるものに変身することができます。活動アイデアは無限大ですよ（具体例は Chapter 3 の P.36 で紹介しています）。

※現在，PhotoSpeak は配信が止まっていますが，Avatarify：AI Face Animator を使って同様の取り組みが可能です。

アルファベットの書き方や，スペルチェックをしたい！

11 Google 翻訳の「カメラ入力」を活用しよう

ツール：Google 翻訳

自分の書いた英語を AI に認識してもらう

Google 翻訳には「カメラ入力」という機能があります。これは，プリントや看板，ポスターなどに書かれた英文をカメラでかざすと，翻訳してくれるというものです。

この機能を「書く」活動に活かします。まず，そもそも AI に認識させるためにとても丁寧に書く必然性があります。また，スペルなどが異なると，当然変な訳が出てきます。変な訳が出てくると子どもたちは，どこが違うのかを自ら考え，友達のノートと比べるなどして，自らの英語を訂正します。ピリオドなども「。」に正確に翻訳されるため，文法的な事柄や英語を書く時のルールも子どもたちの気づきから定着させることができるようになります。具体的な活動については Chapter4 の P.92 で紹介していますので，ぜひご参照ください。

Point!!

AI を活用することで，リアルタイムに何らかのフィードバックを得ることができます。そこから，子どもたちは自分たちで疑問を抱いたり，その疑問を解決しようとしたりするようになるのです。また，身の回りにある英語の意味も即座に知ることができるので，言語への興味・関心を高めることにもとても有効な手段です。

楽しく書きながら，スペルを定着させたい！

12 Keynoteの手書き機能とアニメーションを活用しよう

ツール：Keynote

 ## 「単語アニメ」で子どもたちを惹きつける

Keynoteで手書きをし，「アニメーション」→「ビルドインを追加」→「線描画」を選択すると，手書きをした順番通りにアニメーションが再生されます（書き始めから書き終わりまでの秒数ももちろん設定できます）。漢字の学習で書き順を示したりする場合にとても効果的ですが，これを英語でも活用します。

たとえば，10秒で1単語を書き終わるアニメーション動画を作成しておきます。「このアニメーションよりも先に"February"ってノートに書き終え

られるかな？」と言うと，子どもたちは一生懸命ノートにその単語を書きます。慣れてくると「覚えた方がより早く書けるようになる」ということがわかるため，子どもたちは「待って！ 覚える時間ちょうだい！」と，スペルを勝手に覚え始めます。

また，次の段階ではいくつかの単語アニメを用意しておきます。アニメーションが始まったタイミングで最初のアルファベットから単語を予想し，そ

こからそのアニメーションが終わる前に単語を書き終える，といったアクティビティも慣れてくるとできるようになります。使い方は無限大ですが，楽しく英語を書きながら，スペルも同時に定着させることができるようになります。

言語活動の時間をなるべく多く確保したい！

13 ファイル共有をしよう

ツール：Keynote/Numbers/Pages/ スクールワークなど

共同制作で家庭学習とのシームレスな学びに

　個々に Apple ID がある場合は共同制作が可能です。スクールワークというアプリケーションを活用できる場合は，一括で共有をかけることもできます。その際は「生徒が同じファイルで共同制作します」を選択してください。こうすることで一斉に編集することが可能になります。たとえば，4グループでプレゼンをつくる場合は，1つの Keynote のファイルに4人の ID を紐づけます。すると，お家でもみんなで編集をすることができます。先生が設定することで，当然先生もその編集の途中経過を確認することができます。ロイロノート・スクールなどを使って，メッセージのやり取りができるようにしておくと，さらに学びが進みます（先生にもメッセージのやり取りは自動的に届くので，安心ですね）。このファイル共有を活用すると，子どもたちは「このスライドはつくっておくわ！」「家に○○の写真あるから，帰ったら追加しとくね！」のように役割を決め，次の英語の授業では，いきなり英語で発表の練習ができるようになります。

Point!!

　共同編集を活用することで，「自分でできること」と「みんなでないとできないこと」を区別できるようになってきます。また，時間や場所に左右されなくなるので，欠席者の授業参加も容易になるメリットもあります。

子どもたちのモチベーションを継続させたい！

14 共有アルバムを活用しよう

ツール：写真／共有アルバム

友達からのリアクションがカギ

　教育機関向け管理対象 Apple ID を紐づけると，写真共有アルバムを作成できます。この写真共有アルバムは，子どもたちの学びの成果をみんなで共有できるだけでなく，友達の作品に「いいね」をしたり「コメント」をしたりすることもできます。この「コメント」で友達のよさを認めたり，英語に関するアドバイスをしたりと，自分たちで学びを継続させることができます。また，たとえば，5月に行った GIF 絵カードづくり（Chapter4 P.88参照）ですが，夏休みになっても，子どもたちは絵カードをつくっています。ただつくるだけではなく，夏休みの出来事に関連させたものにしたり，それ以降に知った英語表現を使ったり，自分で調べた新しい英単語を使った

りと，どんどんレベルアップしていきます。活動の魅力に加え，共有することで友達からの「いいね」や「コメント」がもらえるからこそ，友達に認められたいという気持ちが芽生え，自ら学びを継続しようとする態度につながるのです。

Point!!

　共有アルバムの使い方は無限大。たとえば自分が読んだ本などの表紙の写真を共有アルバムにあげていくことで，その本を読んだ子同士がチャットで盛り上がったり，それを読んだ他の子が興味をもったりするようになります。

子どもたちに到達度を明確化して伝えたい！

15 デジタルスタンプを活用しよう

ツール：写真

 デジタルだからこその効果と効率

　よく宿題や日記をチェックしたり，ノート点検をしたりした時にシールやスタンプを押すことがあると思います。私は，ノートチェックやワークシート確認の際は，コメントなどは直接書き込みます。ただ，たとえば AI などを活用した個別学習などをさせる場合には，その到達度を子どもたちに示すために，デジタルで作成した画像（デジタルスタンプ）を子どもたちに AirDrop で配付しています。印刷したり，シールを買ったりする必要がないというメリットももちろんありますが，子どもたちはイラストなどのデジタルデータをアルバムに集めたり，それを自分のデバイスの壁紙にしたり，自分がつくった文書などに挿入（ただし先生の許可を得てから）したりと，様々な場面で活用できるので，こちらの方がいいと言っています。

　私はイラストを Procreate などのアプリを活用してつくっていますが，メモなどのアプリに先生のイラストやサインをかき，それをスクリーンショットなどで画像化するだけでも簡単につくることができます。

Point!!

　デジタルスタンプは，子どもたちの到達度などを示したり，行動を評価したり，価値づけたりする際に使うものですので，ただ配付するだけでなく，その配付理由も含め，教師はきちんと把握しておく必要があります。

子どもたちの過去の学びを活かしたい！

16 過去のデータを振り返らせよう

ツール：写真／共有アルバム／ロイロノート・スクールなど

記録から現在の学習内容につなげる

ICTを活用することで，子どもたちの書いたワークシート以外にも，動画や音声など，あらゆる学びのアウトプットを蓄積することができます。つまり，子どもたちはいつでも自己の学びを振り返ることができるのです。

とはいえ，教師が何も働きかけをしなければ，それはただ「データ」として記録に残っているだけで，あまり意味はありません。教師側もそれらを積極的に活用することで，それがゆくゆくは，子どもたちが自己で学びを振り返り，過去の学びを現在の学習内容と結びつけられるようになるのです。たとえば右の写真は，5年生の児童が3年生の時に作成した映像作品を鑑賞している様子です。過去の作品を鑑賞することで，子どもたちはただ懐かしいだけでなく，過去に使っていた表現の中から今の学習でも使えそうな英語表現を見つけ出し，どんどん発表していきます。

3年生で映像作品をつくっている様子

5年生になり，当時の映像作品を鑑賞

Point!!

デバイスには，今までの数多くの学びの「軌跡」や「成果」が蓄積されています。これらを効果的な場面で提示し，活用することで，子どもたちが使用できる英語表現の幅をぐんと広げることができるようになります。

 Column

開発アプリ
「Rabbits-えいごで言ってみよう！」

 独自開発のオリジナルアプリケーション

　この「Rabbits - えいごで言ってみよう！」というアプリケーションは，子どもたちの思考のプロセスを分析したり，また子どもたちの実際の行動を観察したりする中でアイデアが浮かんだアプリケーションです。このアプリケーションを開発する中で私が最も大切にしたことは，「子どもたちの声」や「行動観察」でした。これらは授業づくりにおいてとても重要なものであることは言うまでもありませんが，それらを授業づくりではなく，アプリケーションづくりに生かすというのは私にとってもはじめての試みでした。

①イラストに応じて英語表現が自動的に生成される

　このアプリでは「自分の好きなもの」「自分のできること」「友だち紹介」「私の思い出紹介」など小学校で学習する英語表現を全19単元用意しました。

　まず各単元に入ると，必ず英語で質問をされます。たとえば下の単元であれば "What fruit do you want?" です。その後子どもたちがイラストを任意の場所に移動させると，その質問に対する答えとなる英語表現が自動的に生成されます。この時，イラストに応じて「単数形」や「複数形」，「主語」なども変化していきます。

 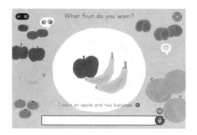

②様々な形でアウトプットする

英文が生成されると，次はいよいよ子どもた
ちが実際にアウトプットをします。マイクボタ
ンを押すと「話す」，キーボードボタンを押す
と「書く」「タイピングする」のように，合計
３種類のアウトプットの方法が選択できます
（「書く」については，Apple Pencil のスクリブ
ル機能を活用することで可能となります）。「話
す」モードに関しては，示された英文を子どもが
iPad に向かって話すと，それがそのまま音声入
力される仕組みになっています。

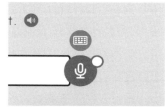

③自分がアウトプットした英語表現と例文とを見比べる

アウトプットが終わったら，自分がアウ
トプットした英文と，その上に表示されて
いるお手本の文とを見比べます。ここで，
子どもたちの気づきが生まれます。

たとえば右の文を見てください。この場
合，自分が発音した文は "I like dog." に

なっていますが，お手本の文は "I like dogs." になっています。このように，
「あ！　この表現には "s" がいるんだ！」という気づきから，自分で文法的
な知識を習得していくことができるのです。また，この中には "sheep" の
ように変化しない動物もあえて含まれています。さらに，「書く」「タイピン
グする」モードの場合は，ピリオド忘れなどにも気づくことができます。こ
ういった細かい文法事項も，アウトプットして，見比べるということを続け
ることで，自然と習得されていくのです。お手本とピッタリになった場合の
み，右上にあるスクショボタンが赤く点灯し，図鑑にためていくことができ
るため，達成感にもつながります。

④自分の英語とお手本の英語を聞き比べる

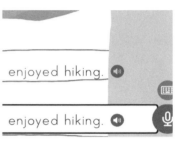

　どうしても音声入力がうまくできない場合は,「スピーカーボタン」をタップすると,自分が音声入力した英語の発音を聞くことができます。もちろん,お手本の英文の横にある「スピーカーボタン」をタップすると,いつでもお手本の発音を聞くことができるので,それらを聞き比べることで,自分とお手本との発音の違いに気づくこともできます。

⑤「図鑑」機能で自己到達度がわかる

　先述の通り,このアプリには「図鑑」機能があります。それぞれの単元・モードごとに,上手にアウトプットできた英語表現は図鑑にためていくことができるのです。

　この機能は,子どもたちが達成した時に,その画面をスクリーンショットで「写真」に保存している姿をヒントに追加しました。子どもたちは,自分がアウトプットできた表現をコレクションするのがとても嬉しかったようです。

　子どもたちはこのアプリを休み時間などでも楽しく活用してくれています。中にはすでに2,000文近くをクリアした子もいるほどです。このアプリの特徴は,「教え込まれ」たり「正解を提示」されたりするのではなく,「自分でイラストを選択」し,「自分で言いたい表現をつくり」,「自分の力でアウトプット」し,「アプリによるフィードバックから自分自身で言語事項に関して気づき」,そして「自分の力で文法事項などの英語のルールを理解」することができるという点です。なおこのアプリは,教育貢献のために開発したアプリケーションですので,みなさんもぜひ,自由にご活用ください。

(https://apps.apple.com/jp/app/id1450598681)

Chapter 3

学びが深まる!

小学校
英語×ICT
の
授業アイデア

3・4年生編

身近なものになりきろう!?

It's clean! I'm happy!

場面	話すこと
英語表現	I'm happy/ sad/ angry. It's clean/ new/ old. など
ツール	PhotoSpeak/ Avatarify: AI Face Animator

ねらい

　ものの気持ちやその状況を考え，英語を使って伝えることができるようにする。

なぜICT?

　ものや第三者を紹介する時は三人称を使う必要が出てきます。しかし，そのものに自分がなってしまえば，一人称で説明することができます。そのものになってお話をすることができる…。そんな実現不可能なことも，ICTを使えば可能になってしまうのです！

授業の流れ

導入	① Key Sentences を確認する。
展開	②自分が紹介したいものを選んで写真を撮影する。◀ ICT ③アプリケーションを活用し，そのものの気持ちや状況を英語で伝える動画を作成する。◀ ICT
まとめ	④できあがった作品をみんなで共有する。◀ ICT

✓ ICT 活用のポイント

1 身の回りにあるものの写真を撮影する

　まずは，自分の身の回りにあるものの撮影をします。この時大切なことは，自分が感情移入しやすいものを選択させるということです。たとえば普段からきれいにお片付けをしているお道具箱や筆箱，毎日ピンピンに削って使っているお気に入りの鉛筆などです。逆に，自分やクラスのみんながあまり丁寧に使えていないものなどを取り上げてもいいでしょう。そういったものの方が，後で英文が考えやすくなります。ダメなところを見つけるという発想ではなく，あくまでものの気持ちを考える活動ですので，子どもたちはたとえ自分の整理できていない机であったとしても，楽しんで活動をします。

2 「マークアップ」機能を使って，目と口を描き込む

　写真を撮影したら，「マークアップ」を活用して，その「もの」に目と口を描きます。この時，目は開いている状態，口は閉じている状態で描くように子どもたちに伝えてください。

　私は「マークアップ」で目や口を描き込むように伝えましたが，Keynote の「描画」機能などを活用しても問題ありません。

学びが深まる！小学校英語×ICTの授業アイデア　3・4年生編

Chapter3

3 アプリケーションに画像を取り込んで，英語を録音する

アプリケーションに顔写真を取り込むと，目や口が動き出し，まるで写真の中の人がリアルにお話をしているかのような動画をつくることができます。このアプリをイラストに応用します。

先ほどの目と口を書き込んだものの画像を取り込み，その後に目と口の位置を調整します。位置がずれていると，動きが不自然になってしまいます。次にそのものにお話しさせたい英文を考えます。たとえば以下のようになります。

> I'm (always) clean.
> I'm happy.
> Thank you, ○○ （いつも使ってくれている子の名前）.

もちろん It's〜などを使っても問題ありません。たとえば汚れていたり，整理されていなかったりするものには I'm（It's でももちろん OK）messy/ dirty. I'm very angry. のような形容詞も使えます。さらに，その子へのメッセージとして "Please clean up!" のような表現も使えます。このように，子どもたちが自由にそのものになりきって英語表現できるようにしてあげてください。

4 動画を書き出して，みんなで作品を相互鑑賞する

　録音が完了したら，動画を書き出して，それを共有アルバムなどに送ります。ロイロノート・スクールなどの共有アプリケーションでも構いません。

　こうすることで，できた子たちからどんどん相互鑑賞をし，感想やアドバイスを述べ合う中で，自分たちの英語を見つめ直すことができます。さらに，この活動自体が楽しいものですので，子どもたちは１つだけでなく，どんどんいろんなものになりきって英語をお話するようになりますよ。

　ちなみに私は，この実践を「ものの大切さ」を考える道徳的な授業としての位置づけで行ったのですが，この授業を通して，お片付けの大切さを意識する子も出てきました。

プラスα　いろいろな場面で活用できるアプリケーション

　自分以外のものになりきれるアプリケーション。たとえば，先生の幼少期の写真に「当時の将来の夢」を語らせたり，歴史人物の肖像画を取り込んで，当時の時代についてその人になりきってお話をしたり，自分が考えたキャラクターになりきって自己紹介をしたりと，いろいろな創造性あふれる活動を設定することができます。

Hi. I'm Nobunaga. I live in Owari. I love sweet things.　など

02 色抽出機能を使ってみよう！
What color is this? Where is this place?

場面	話すこと【やり取り】
英語表現	What color is this? Where is this place?
ツール	Keynote

ねらい

　友達に色や場所を尋ねることができるようにする。色をヒントに、学校にある様々な場所を英語で言うことができるようにする。

なぜICT?

　教室の外にあるものをクイズにして、みんなで英語をアウトプットするという今回の実践。学校外のものを教室に持ち運ぶことは難しいですが、ICTを「記録ツール」として用いることで、子どもたちはその場所でクイズを作成し、即座に教室に戻ってクイズ大会をすることができます。また、色抽出機能を用いることで、色と場所をリンクさせて語彙の定着を図ることができます。

授業の流れ

導入	① Key Sentences を確認する。
展開	②学校内にあるクイズにしたい場所へ行き、特徴的な箇所の写真を撮影する。◀ ICT
	③写真を Keynote に取り込み、色抽出機能を活用してクイズをつくる。◀ ICT
まとめ	④学級にもどり、クイズ大会をする。
	⑤つくったクイズを全体で共有する。◀ ICT

✔ ICT 活用のポイント

1 クイズにしたい場所を撮影して，Keynote のスライドに挿入する

　まずは，Keynote に無地のスライドを２枚つくります。次に自分がクイズにしたい場所を学校の中から選び，その場所を最もよく表していると思う箇所の写真を撮影します。その後，Keynote のスライドの２枚目にその写真を挿入します。

2 色抽出機能を使ってクイズをつくる

　写真の挿入が完了したら，１枚目のスライドの編集をします。編集といってもとても簡単。１枚目（①）のスライドの背景を，２枚目の写真（②）の最もその場所を表していると思う色に変えるだけです。

　右写真の例では，洗面台の周りの柱やフレームが臙脂色になっているので，１枚目を臙脂色の背景に設定しています。やり方は以下の通りです。

【写真から色を抽出する方法】

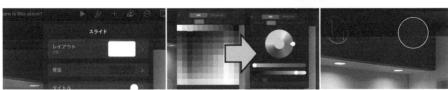

　まずは「ブラシマーク」をタップし「背景」を選択します。次に「標準」

「カラー」から「スポイト」のマークをタップします。そして画面をタップしながら，最も抽出したい色を選択します。あとは，その抽出した色を1枚目の背景の色にするだけです。

1枚目の背景に設定

　なお，私はWritingの練習のため，1枚目のスライドに「テキスト」で"What color is this?"“Where is this place?"という英語表現を書くように活動設定しました。

③ 教室でクイズ大会を行う

　つくったKeynoteファイルを使ってクラス全体でクイズ大会をします。

C 1：What color is this?
C 2：It's green.
C 1：Where is this place?
C 2：It's a ground.
C 3：I think it's a classroom on the 3rd floor.
C 4：Give me a hint please!

④ 共有アプリを使ってみんなでクイズを共有する

　今度は先ほどつくったKeynoteのファイルに質問文と答えの文をオーディオ録音し，それをビデオ書き出ししたものを共有アプリに送信します。そうすることで，いつでもどこでも全員がつくったクイズで楽しむことができ

るようになります。

録音自体は、ロイロノート・スクールなどのアプリを使っても構いません。また、写真共有アルバムなどのコメント機能を活用しながら、授業内にとらわれず、自由にやり取りをさせてもいいでしょう。この活動をすると、色の表現と場所の表現を同時に学習することができます。語彙同士を関連づけることで、よりそれぞれの単語のイメージが膨らみ、定着も早くなりますよ。

ちなみにこの活動ですが、クイズができあがった子どもたちはほぼ間違いなく、「もっとつくっていいですか？」と質問してきます。できあがった子や英語が得意な子が暇になることもなく、むしろどんどん自分から活動を進めていくようになります。手軽にできるからこそ、たくさんアウトプットができるというのも、ICT活用の魅力の１つですね。

プラスα　他の単元でも流用できる

今回は学校にある「場所」がテーマでしたが、たとえば「お気に入りのものクイズ」として紹介をしたり、「動物クイズ」をしたりと、色抽出機能を使うことで様々な単元に流用できます。また、微妙な色の変化を捉えるといった意味では、英語の学習以外にも活用できる場面があります。たとえば理科で植物のスケッチをしたり、植物の成長の変化の様子を捉えたりする際や、「色」にフォーカスした図工の学習などでも活用できそうですね。

図形を分解してみよう！
What's this?

場面	話すこと【やり取り】
英語表現	What's this? It's a ～. (いろいろな単元で活用可)
ツール	Keynote

ねらい

　分解した図形が組み合わさると，何になるかを英語で質問したり，予想して答えたりすることができるようにする。

なぜICT?

　Keynote にある図形の中には，小さな図形が組み合わさってできあがったものがたくさんあります。それらを分解し，さらに「マジックムーブ」というトランジションを活用して，クイズを出し合う活動を設定しました。特に実物を用意しなくても，iPad だけで簡単に問題をつくれることに加え，図形をただ分解するだけなので，手間もかかりません。iPad にあまり慣れていない子どもたちでも簡単にクイズをつくることができます。

授業の流れ

導入	①先生によるクイズの答えを考える中で，今回の授業で使う英語表現を確認する。◀ ICT
展開	② Keynote で，図形を分解してクイズをつくる。◀ ICT ③できあがったクイズを友達同士で出し合う。◀ ICT
まとめ	④全体でできあがったクイズを共有する。◀ ICT

1 先生によるクイズをみんなで考える中で，英語表現を確認する

まずは，あらかじめ先生がクイズをつくっておきます。今回のクイズは右の画像のように，バラバラのピースが何を表しているのかを考えるというものです。イチから図形を組み合わせるのではなく，元から入っている図形を分解して散りばめるだけなので，誰でも簡単にクイズをつくることができます。また，マジックムーブというトランジションを活用することで，バラバラだった画像が正解のものになっていく過程も見ることができます。まずはそういったワクワクする体験を子どもたちに味わってもらい，それと同時にクイズで使う英語表現もみんなで共有することで，メインの活動への意欲を高めます。なお，今回の活動で使うのは以下のような表現です。

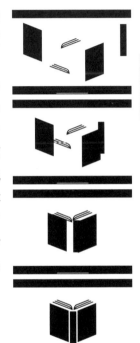

T：What's this?
C：It's a 〜.

　ちなみに，クイズで使う英単語については，単元構成の際に設定しておいた方が，当然子どもたちは答えやすくなります。手立てがない状態でやると，クイズの難易度自体は高いのですが，その分いろんな英単語をアウトプットすることもできます。ここは，学級の実態に合わせて，提示してあげてください。

【図形を分解したクイズのつくり方】

①図形を１つ選ぶ。

②図形を選択した状態で「ブラシマーク」をタップし，「配置」から「分割」を選択する。

③スライドを複製する。

④２枚あるうちの最初のスライドの分割された図形をバラバラに配置する。

⑤２枚のスライドを「マジックムーブ」というトランジションでつなげる。

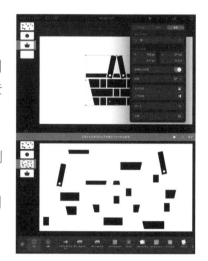

2 クイズづくりをする

　今度は，子どもたちがクイズをつくります。画像を分割してバラバラに配置するだけですので，それほど時間はかかりません。

　なお，後ほど友達同士でどんどんクイズを出し合う時間があることを子どもたちに伝えてあげてください。そうすることで，できあがった子は英語表現の練習を積極的にするようになります。また，時間が余った子は，もちろんどんどんクイズをつくっても問題ありません。クイズがたくさんある方が，当然その後のやり取りも楽しくなります。

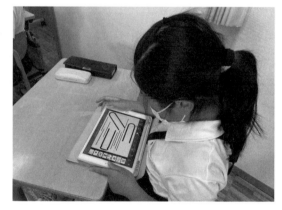

3 クイズを友達同士で出し合う

クイズが完成したら、いよいよみんなでクイズを出し合います。クイズをつくった子どもたちは、もうこの段階で、早く自分の問題を出したくて仕方がない状態だと思います。学級の実態に応じて、この段階でもう一度英語表現

の確認をしてもいいでしょう。子どもたちのモチベーションが上がっているこの状態の時に英語表現を振り返ることで、「英語活動」としての楽しさに方向がきちんと向かいます。どういった活動であっても、目的を子どもたちが見失っては本末転倒です。逆に、普段からそのあたりがきっちりできているようであれば、いきなりクイズを出し合っても問題ありません。

プラスα　図形を使った活動

Keynoteには、元から様々な種類の「図形」が入っています。今回は「分割」してクイズづくりをしましたが、もちろんそれらの図形を組み合わせることでも、新しい何かをつくることができます。このあたりは先生のアイデア次第です。また、たとえば今回つくったクイズに音声を録音して書き出し、共有アルバムや、ロイロノートなどの共有できるアプリケーションを活用すれば、いつでもみんなのクイズを楽しむことができます。また、共有することで、子どもたち自身で自分たちの英語表現を見つめ直すきっかけにもなります。ICTを今回のように「提示ツール」「発表ツール」として活用し、さらに「共有ツール」と組み合わせることで、子どもたちのコミュニケーションはより豊かなものになっていきます。

トリックアートを活用しよう！

Which is longer?

場面	話すこと【やり取り】
英語表現	A is longer/bigger 等（than B）.（long などの原級でも可）
ツール	Keynote

ねらい

long, short, big, small などの形容詞に慣れ親しみ，積極的に発話できるようにする。

なぜICT?

今回はトリックアートを使って形容詞に慣れ親しむ活動です。ICT を活用することで，トリックアートを示すだけでなく，そこから容易にクイズづくりなどをすることができます。

授業の流れ

導入	①形容詞の表現を確認する。
展開	②トリックアートクイズをする。◀ ICT ③自分たちでもトリックアートクイズをつくり，みんなで問題を出し合う。◀ ICT
まとめ	④つくったトリックアートクイズを全体で共有する。◀ ICT

1 トリックアートクイズをする

Keynote を使うことで，簡単にトリックアートをつくったり，それが本当にトリックアートになっているのかを確認したりすることができます。

長さを比較したり，色の濃さを比較したりする時は，アニメーションなどを使って重ね合わせることで，子どもたちも飽きることなく提示されたものをもとに英語を話すようになります。たとえば，右のような図を提示し，子どもたちに尋ねます。

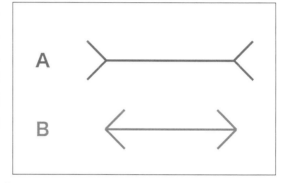

T：Which is longer, A or B?
C：A is longer than B!

実態に応じて "A is long." "B is short." のように比較級を用いずに答えさせてもよいです。このトリックアートは，上図のような，「A も B も同じ長さなのに A が長く見える」ものですが，授業ではあえて，長さが違うものを提示することもあります。原級を使って，"A is as long as B." のように答えられるのであれば，同じ長さを使っても問題ありません。トリックアートを使うことで，子どもたちはどちらが長いか

学びが深まる！小学校英語×ICTの授業アイデア　3・4年生編
Chapter3

を楽しんで予想し，つい英語で答えたくなります。そして最後にマジックムーブを使って，2本の棒を重ね合わせて答え合わせをします。私は他に，big/ small や dark/ light などの表現も扱いました。

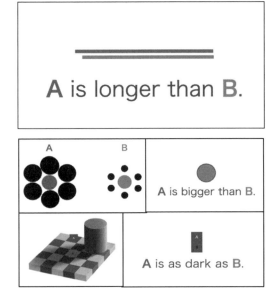

2 トリックアートをつくって，みんなでクイズを出し合う

ICT を活用すると，子どもたちでも簡単にトリックアートができます。たとえば，長さの問題の場合，適当な長さの線をつくり，それを複製することで，同じ長さのオブジェクトが完成します。後はどちらかを少し長くしたり短くしたりすれば，完成です。しかし，そのままでは長さの違いがすぐにバレて，答えられてしまいます。そこで，先述のように，矢印のような形にすることで「トリックアート」にし，難易度を上げることで，子どもたちの会話が弾みます。また，相手の子が答えた時に "Really?" や "Let me see..." のような相槌表現を使わせることで，コミュニケーションをより豊かにすることができます。

【ここでワンポイント】

子どもたち同士でクイズを出し合う
活動は，アナログでやっても問題はあ
りません。たとえば自分の筆箱に入っ
ている鉛筆などを使って，クイズを出
し合う活動でも，十分に楽しめます。
トリックアートは導入として使いまし
たが，メインとなるコミュニケーショ

ン活動については，さっと取り出せる身近なものでやる方が，手軽な分，あ
まりタブレットを使い慣れていない子が多い場合は取り組みやすいです。逆
に，お家で問題をつくってくるような課題の場合は，ICT を活用し，トリッ
クアートをつくらせた方が，視覚的におもしろい分，コミュニケーションが
盛り上がると思います。ここは，学級の実態や授業スタイルに応じて，活動
内容を設定してください。

プラスα　たとえアナログであったとしても…

右の写真はアナログで活動
をさせた時の様子ですが，ア
ナログで全体共有する場合
に，子どもたちが提示したも
のが小さくて後ろの子まで見
えないこともしばしばありま
す。この写真のように，カメ
ラ機能を使って前に映してあ
げるだけで，全員が発表に注

目することができるようになります。ICT を効果的に活用する引き出しは，
いくらあっても，決して損はしませんね。

映像の中の自分と会話しよう！

セルフ英会話

場面	話すこと【やり取り】
英語表現	どの英文でも
ツール	カメラ

ねらい

相手の質問に素早く反応し，英語で答えたり，相手の反応を予想して話したりすることができるようにする。

なぜICT?

今回は自分自身を相手に英会話をするという実践です。意図については後述しますが，自分自身と英会話をするという行為自体，ICT がなければ実現不可能なことです。ただおもしろいというだけでなく，そこには多くの思考場面が出てきます。

授業の流れ

導入	① Key Sentences を確認する。
展開	②スクリプトの片側のパートを録音する。◀ ICT ③録音に合わせて，もう一方のパートを言う。◀ ICT
まとめ	④セルフ英会話をみんなの前で発表する。◀ ICT ⑤友達と会話をする。

1 スクリプトの片側のパートをビデオで撮影する

まずは，会話文のスクリプトの片側のパートを録音します。しかし，ここで大切なことは，この後自分自身で会話をするということを理解しながら録音することです。一見，片側のパートを読めばいいだけのように思われる方もいるかもしれませんが，もう

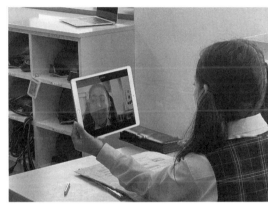

１つのパートをきちんと理解し，どれくらいの間をあければいいかなど，相手の返答のことを考えなければなりません。

2 一度１人英会話をやってみる

ビデオを撮影できたら，今度はもう一方のパートを映像に合わせながら実際に言ってみます。すると子どもたちは「あれ？ タイミングが合わない！ もう少しスラスラ言わないと！」と，そのタイミングに合うように何度も英語をアウトプットします。そこ

でもし，何度練習をしてもその「間」では足りない場合は，再度録画をし直します。また，1人英会話をしているうちに，今度はより自然な会話に近づけるために，「演技」が入ったり，話し方を工夫したり，ジェスチャーを入れたりと，どんどんこだわりが出てきます。

3 自然に友達と iPad を交換し始める

　しばらく続けていると，子どもたちは友達と iPad を交換し，別の子の録画と話し合うようになってきます。人によって話し方やタイミングが異なるので，子どもたちはとても楽しみながら会話練習をするようになります。このように何度も何度も会話練習を続けていることで，アウトプットに自信がついてきます。この「自信」が，実際対面で友達と会話する時のハードルをぐんと下げることになるのです。

4 セルフ英会話をみんなの前で発表する

　セルフ英会話のいいところは，1人で英会話をしているということ自体がとてもおもしろく，自分の会話をみんなにも見てもらいたくなるという点です。スムーズに話せるようになると，自分でも思わず「お〜！やった！」と嬉しくなります。全体の前で，スクリーンに自分の録画を映し，そこでセルフ英会話を披露する時間を設けることで，話している本人

も聞いている子たちもとても楽しむことができます。発表者が発話し，それに対して画面の発表者が何か反応をするたび，子どもたちは「すごい！」と，歓声をあげます。たとえば，

【前半省略】…A：I have an English class today.

B：Oh, no! Look at the time!

A：It's 8:50. I'm late!

B：Hurry and eat!

のような朝のお母さんとのやり取りのシチュエーションがあった場合，時計を見る仕草があったり，お母さんが料理をしている場面をジェスチャーで表したりと，その表現は子どもたちによって様々です。そして，こういったことが，次の実際の会話練習にとても活きてきます。

5 子どもたち同士で会話をする

　子どもたちが会話に自信をもてたところで，実際に会話練習をする時間を設けます。

プラスα　自分自身でコミュニケーションをすることの意図

　コミュニケーションは友達同士でするものと思われるかもしれません。しかし，1人で会話練習をすることで，先述の通り，「間」や「ジェスチャー」など，多くの事柄をじっくりと考えながら，恥ずかしがることなく何度もこだわりをもって会話を楽しむようになります。そのことが結果として，実際の会話への自信へとつながり，友達とのコミュニケーションがより円滑に，かつとても自然なものになっていくのです。

06

図形とモーションパスを活用しよう！

What can these animals do?

場面	話すこと【発表】
英語表現	Birds can fly. Rabbits can jump. など
ツール	Keynote

ねらい

　動物たちの動きやできることを紹介する英語表現にふれ，紹介することができるようにする。

なぜICT?

　Keynote には，様々な「図形」が最初からたくさん含まれています。基本的な図形から「動物」「自然」「食べ物」など，その種類はとても豊富。それらの図形を使うだけでもいろいろな活動が設定できますが，これらにモーションパスで動きをつけて，それに英語表現を加えることで，動きと表現とが頭の中でリンクし，表現の定着に結びつけやすくなります。

授業の流れ

導入	①今回の授業で使う英語表現を確認する。
展開	② Keynote で，動物の動きを考えて，それを英語で説明する。◀
まとめ	③動画で書き出し，それをみんなで共有する。◀

☑ ICT 活用のポイント

1 図形を選択する

　今回は動物の動きを表す英語表現を学習する活動ですので，「図形」から「動物」を選択します。この「動物」の中には，たくさんの動物がシルエットの形で収録されています。これらの中から，自分が紹介したい動物を１つ選択します。

2 モーションパスで，動物に動きをつける

　動物を選んだら，「モーションパス」でその動物に合った動きをつけます。たとえばうさぎを選択した場合は，ぴょんぴょんとはねる動きなどです。もちろん，動物の動きは１つではないため，子どもたちに自由に動きを考えさせてあげてください。中には，図形を組み合わせたり，別のアニメーションを加えたりして，よりおもしろい表現を考える子どもたちも出てきます。

3 動きをつけたスライドに，その動きを表す英語表現を録音する

「モーションパス」で動きをつけ
たら，次はいよいよ録音です。録音
は「＋」をタップし，「オーディオ
を録音」よりすることができます。
なお今回は，1人あたり，よりたく
さんの動物や動きに関する英語表現
に慣れ親しんでもらうため，1つの

スライドに対し1つの表現だけを当てはめるように指示しました。子どもた
ちがつくった作品は次のようなものです。

【児童の作品例】

① Dolphins can swim.

　右にゆらゆらと進むモーションに手描きで水を
書き加える。

② Penguins can eat fish.

　ペンギンが魚に近づくモーションに，魚が消え
るアニメーションを付け加える（魚も図形から選
択）。

③ Monkeys can climb trees.

　図形より木を追加で選択し，猿がその木にのぼ
るモーションを付け加える。

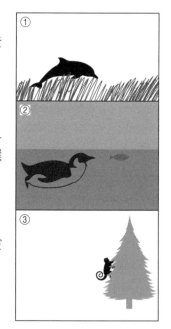

4 できあがった作品を動画で共有し，鑑賞会をする

できあがった作品は動画で書き出しをし，みんなで共有します。この際，アニメーションの順序を改めて確認するように子どもたちに伝えてあげてください。動きと音声を同時に再生したい場合は，まず録音したオーディオをタップし，「アニメーション」から，「オーディオを開始」を選択します。次に「開始」をタップして「ビルド1と同時」にすることで，動きと音声が同時に再生可能になります。

さて，この共有場面で大切なことは，同じ動物でも子どもたちによって英語表現が異なることです。たとえば，「ヤギ」だけでも "Goats can run." "Goats can climb mountains." などの習性に加え，童謡の歌詞から "Goats can eat letters." のような表現を使う子も出てきます。こういったユーモアも子どもたちとたくさん楽しむ中で，英語表現に慣れ親しめるようにしてあげてください。また，子どもたちの中には，その動物ができないことをあえて取り上げ，"Penguins can't fly." のように否定文を使いたがる子もいました。このように，子どもたちの創造性をベースとして，いろいろな英語表現を知る機会をつくってあげてほしいと思います。

プラスα　使い方は無限大

先述の通り，「図形」にはいろいろな種類があります。私は「動物ができること」を題材にしましたが，他にも「野菜」や「果物」，「スポーツ」など，様々なシチュエーションでこのような形態の授業を考えることができます。たとえば，「人」と「ボール」を組み合わせることで，何のスポーツをしているかを考えて英語で答えるようなクイズをつくったり，またそのスポーツの動きを英語で説明したりすることもできます。先生のアイデアと組み合わせることで，様々な場面で活用することができ，とても便利ですね。

07

ものの場所を映像で紹介しよう！
前置詞活用動画プロジェクト

場面	話すこと【発表】
英語表現	The pencil is on the desk. など
ツール	Keynote

ねらい

　映像をつくる中で，in/ on/ under/ by/ between/ next to/ in front of/ behind のすべての表現を使うことができるようにする。

なぜICT?

　今回は in/ on/ under/ by/ between/ next to/ in front of/ behind のすべてを使って映像をつくるというシンプルなプロジェクトです。とはいっても，何を伝えるかは自由です。たとえばお家にあるお気に入りのものを使うもよし，自分自身がいろんな場所に行って撮影するもよし。ICT を活用することで教室という場所や時間に限定されないのがいいですね。

授業の流れ

導入	①場所を表す表現を全体で確認する。◀ ICT
展開	②場所を表す表現を使って，自分の伝えたいものの映像を撮影する。◀ ICT
まとめ	③全体でできあがった映像を共有する。◀ ICT

ICT 活用のポイント

1 場所を表す表現を全体で確認する

　この学習自体は，オンラインで行いました。まずは全体で今回学習する英語表現を確認します。

T：Where is the ball?
C：It's on the box.

　次に，先生がつくった映像をみんなで見て，映像のイメージを膨らませます。

The guitar is under the keyboard. The shoes are in front of the guitar.

etc.

2 場所を表す表現をすべて使って映像をつくる

　ここから先は，子どもたちの創造性に委ねます。一応，例として先生の映像を示しましたが，別に何か物を配置して自分のお気に入りのものを紹介しても構いませんし，元からある家具などの配置を紹介しても構いません。もちろん，いろんな場所に行って，自分自身の位置を紹介するのも問題ありません。今回は場所を表す英語表現をすべて使うことが目的の活動ですので，その他の要素は自分が本当に伝えたいものを伝えさせてあげてください。

【児童の作品紹介】

①自分のお気に入りの作品の紹介です。
　"The bird is on the tree." のように，
　動物のフィギュアの場所を英語で伝えて
　います。いろいろな動物の名前を知るこ
　とができました。

②お気に入りのぬいぐるみと，手づくりの
　お家を使って紹介します。"The doll
　is in the house." "The house is
　between the dolls." のように，主語
　が入れ替わるのがおもしろいですね。

③自分自身がお部屋のいろんな場所に行って，
　動画を撮影しました。"I'm under the
　table." "I'm between the table and the
　sofa." のように，たくさん動き回って，楽
　しい動画を撮影することができました。

　今回のプロジェクトでは，ただ場所を紹介するだけだと映像がシンプルす
ぎてつまらないと感じる子も多かったようで，プロジェクト映像の中に，挨
拶や自己紹介を入れたり，"This is my room." "Please look at this
table." などの既習表現を活用したりする子が数多くいました。今回のよう
に，英語表現の縛りはありますが，伝える内容については自由度が高いプロ
ジェクトだと，子どもたちの創造性はとても高まり，内容も工夫することか
ら，英語表現を豊富に活用するようになるのです。

③ 作品を全体で共有する

　できあがった作品は全体で共有してみんなで視聴しながら，アドバイスを出し合います。オンラインでの学習でしたので，私も適宜フィードバックをしながら，みんなでよりよい作品に仕上げていきました。

プラスα　AR を使った活動

　学校でこのような活動をする場合は，AR を活用するのも１つの手段です。学校にあるものを紹介するのでももちろんいいのですが，AR 技術を活用することで，たとえば自分のオリジナルのお部屋をその場につくり出すこともできます。

　ちなみに私は「IKEA Place」というアプリを活用しました。右の写真のように，家具を机の上や廊下などに配置し，「画面収録」機能を活用して"The table is next to the sofa."のように録音します。

　AR の家具と実物の机などを組み合わせたり，友達と協力して，その映像の中に自分が入り込んで紹介したりと，子どもたちは創造性を発揮しながら，様々な形でアウトプットすることができていました。このアプリケーションに限らず，最近では AR を使ったアプリケーションがたくさんありますので，ぜひ先生もいろいろと試しながら，楽しい活動を考えてみてください。

08 AirDrop を活用しよう！
This is me.

場面	話すこと【やり取り】・ローマ字の学習
英語表現	Hello. My name is 〜. I like 〜. など
ツール	Keynote/AirDrop

ねらい

　自分の好きなものや得意なことを含めて英語で自己紹介することができるようにする。

なぜICT?

　名刺用の紙を１人あたり何10枚も準備したり，子どもたちが何枚も名刺をつくったりするのはあまりにも非効率的です。しかし，ICT（AirDrop）を活用することで，自分がつくった名刺を簡単に交換できます。ワークシートにサインを書かせるような活動に比べ，自分のデバイスに友達の名刺がどんどん溜まっていくので，それだけでとても嬉しいですよね。

授業の流れ

導入	①自己紹介をする時の英語表現を振り返る。
展開	②自己紹介をしながら名刺交換をする。◀
まとめ	③今日使った表現をもう一度全体で振り返る。◀

ICT 活用のポイント

1 名刺を作成する

　まずは今回の学習で使う名刺を作成します。これ自体は，私は学級活動の時間に「友達づくり」の一環で名刺をつくる活動を設定しました。国語科のローマ字の学習の際につくらせるのもいいと思います。英語の学習の中で行う場合は，せっかくですので，自分の好きなことを単語レベルで，英語で書かせてもいいでしょう。どこまでを英語で書くかは，学級の実態に応じてください。

　次の写真のようなテンプレートを Keynote であらかじめ作成しておき，それを子どもたちに配付してあげると，スムーズに進みます。ちなみに私は，名刺に顔写真を簡単に入れられるように，○の形のプレースホルダをつくっておきました。また，レイアウトが崩れないように，ここのオブジェクトを「ロック」しておくといいでしょう。なお，子どもたちが，「色やデザインを変えたい！」と言った場合は，好きにさせてあげてください。

　できあがった名刺は，「イメージ」で書き出し，「写真」に保存しておきます。ICT を活用することで，名刺用の紙を先生が用意したり，子どもたちがたくさん名刺を書いたりする必要がなく，しかもデータとして保存するので，なくしてしまうことも少なく，いつでも見返すことができますね。

2 自己紹介をする

　ここからがメインの活動になります。まずは友達同士で自己紹介をします。自己紹介で使う表現例は以下の通りです。

【英語表現】

A：Hello.

B：Hi. What's your name?

A：My name is ～. What's your name?

B：My name is ～. What do you like?

A：I like ～. How about you, B?

B：I like ～.

※ "can" を使って，自分の特技やできることを紹介し合うのもいいでしょう。

3 名刺交換をする

　自己紹介が終わったら，いよいよ名刺交換タイム。学級の実態に応じて，"Please give me your card." のような表現を使わせるのもよいでしょう。交換自体は AirDrop で行います。とても簡単に交換ができるため，子どもたちは

どんどんみんなで名刺交換を行うようになります。友達のカードがどんどん自分のデバイスに溜まっていくのは，やはり嬉しいですね。子どもたちは，友達の名刺を集めたいという気持ちから，進んで友達とコミュニケーション活動を楽しむようになります。

プラスα　AirDrop を活用したいろいろなアクティビティ

　AirDrop は，もちろん先生から資料やデジタルワークシートなどを配付する時にも役立ちますが，今回の事例のように，子どもたち同士でのやり取りの場面でも，活用場面が多いです。たとえば，以下のような場面です。

○色探しミッション

　子どもたちによって違う色のデジタルカードを配付しておきます。色は全部で7色ですが，あえて子どもたちには言わなくても構いません。言ってしまうと，全種類のカードを見つけた段階でアクティビティを終了してしまう子が出てくるからです。子どもたち同士のやり取り例は以下の通りです。

A：What color do you have?
B：I have red. How about you?
A：I have yellow. Please give me your red card.
B：Here you are.
A：Thank you. …など

　このように，自分がまだ持っていない色のカードを持っている子をどんどん探してまわり，AirDrop で交換していきます。これをアナログな活動で行うと，膨大な量の色カードを準備することになり，とても大変ですが，ICT を活用することで，とても簡単にこのような活動が設定できます。また，アクティビティ中にカードをなくしてしまうこともないので，安心です。

Chapter3

学びが深まる！小学校英語×ICTの授業アイデア　3・4年生編

リンク機能でデジタル観光マップをつくろう！

This is Takatsuki!

場面	話すこと【やり取り】
英語表現	This is 〜 . You can see/ eat/ buy 〜 .
ツール	Keynote（リンク機能）

ねらい

　社会見学で知った自分たちの住むまちについて，英語で紹介することができるようにする。

なぜICT?

　社会科でリンク機能を活用して，学校付近のデジタルマップを作成した子どもたち。紙ではなく，デジタルマップという点を活かし，そこに英語で音声を追加してデジタル観光マップに変身させます。他教科でつくり上げたデータを英語でも簡単に，しかもそのまま活用できるので，英語の時間には英語の学習に特化して活動をすることができます。

授業の流れ

導入	①デジタル観光マップで使えそうな英語表現をみんなで共有する。
展開	②デジタル観光マップに英語の音声を追加する。◀ ICT
まとめ	③デジタル観光マップをみんなで共有することで，自分が録音した英語の表現などを見つめ直し，さらによりよいマップにする。◀ ICT

ICT 活用のポイント

1 デジタルマップを作成する

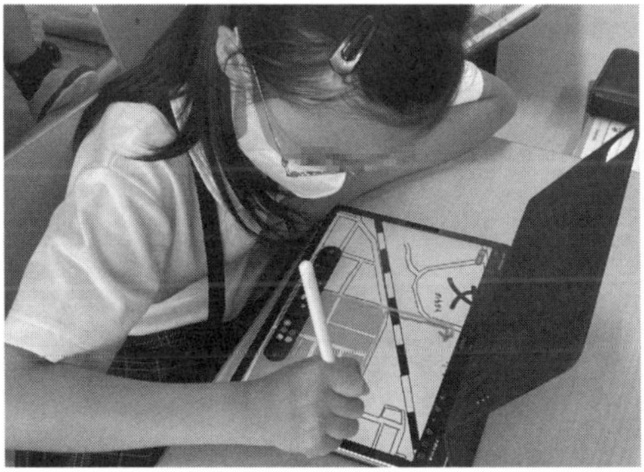

この活動自体は社会科で行ったものです。まず，学校周辺の白地図の画像を子どもたちにデータで配付します。それをKeynoteのスライドに貼り付けると準備は完了です。もちろん，先生が最初から白地図をスライドに貼り付けたKeynoteファイルを配付する形でも問題ありません。次に，まち探検で見学したメモや写真をもとに，その白地図にApple Pencilなどを使って書き込みをしていきます。

この際，白地図の中に直接画像を入れるのではなく，たとえば書き込んだ地図記号などにリンクを貼っておき，それをタップするとその建物の詳細が出てくるようにします。白地図自体には，あまりごちゃごちゃ書き込むのではなく，あくまでまち全体の特徴がわかるようにします。デジタルマップのつくり方については以下の通りです。

【デジタルマップのつくり方】

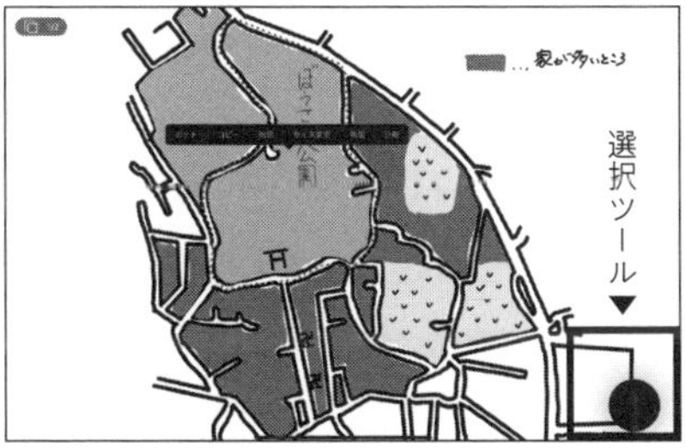

①描画を選択し，地図に色を塗ったり書き込みをしたりします。その後，右の写真のように「選択ツール」を選択し，リンクを貼りたい部分のオブジェクトを「分離」します。

②2ページ目以降には，それぞれの施設

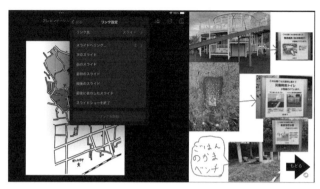

や建物などの詳細ページを写真や説明書きなどを加えてつくります。

③最後に，先ほど分離したオブジェクトを選択し，「リンク」をタップして，該当するページにリンクを貼れば完成です。

※リンク機能を活用する場合は，「設定」から「プレゼンテーションタイプ」を「リンクのみ」にすることをオススメします。こうすることで，リンクが貼られていない箇所をタップしても，次のページに行ってしまうことはありません。

２ 英語の音声を各ページに追加する

英語の学習はここからです。デジタルマップに英語での説明を追加して，「デジタル観光マップ」を作成します。まずは学級全体で，使えそうな英語表現を共有します。たとえば以下のような表現です。

> This（Here）is 〇〇．
> You can see/ eat/ buy 〇〇．

次に，それぞれのページに合った英語を録音します。「＋」マークを選択し，「オーディオを録音」から英語を録音します。

録音した音声は，ページに移った後，自動的に再生されるように設定をします。方法は次の通りです。

①挿入した音声をタップし，「アニメーション」を選択します。

②「オーディオを開始」を選択し，「開始」から「トランジションの後」を選択します。

　こうすることで，地図画面からリンクをタップすると，英語の音声が自動的に流れるようになります。完成したら，子どもたち同士でデジタル観光マップを見せ合い，自分たちの英語表現を見つめ直す場を設定してあげてください。

プラスα　教科横断もスムーズに！

　ICTを活用し，データとして残しておくことで，それを他教科の学習に結びつけることも容易になります。たとえば，「能因法師墳」を見つけた子は，国語科の百人一首の学習と結びつけ，百人一首について調べたことをリンク先のページにまとめました。説明書きや写真，音声や動画など，様々な要素を追加することで，自分だけのオリジナルデジタルブックをつくることができますよ。

　ちなみに余談ですが，リンク機能を活用することで，百人一首ゲーム

ムをつくったり，ことわざクイズをつくったりと，子どもたちは応用して楽しく学んだことをアウトプットできるようになりますよ。

10 ICT でアルファベット練習をしよう！
書き順アニメーションクイズ

場面	アルファベット・語彙習得・ローマ字学習（「書く」ことの導入）
英語表現	どの英文でも
ツール	Keynote

ねらい

アニメーションを使ったクイズを通して，アルファベットの形に慣れ親しむことができるようにする。

なぜICT?

学習指導要領ではアルファベットの書き順については特に触れられていませんし，決まった書き順があるわけではありません。あくまで参考として紹介されているので，最終的には書きやすいように書くのがいいのかもしれませんが，今回は書き順クイズというものを動画形式で「あえて」つくり，それらを共有することで，アルファベットの「形」に慣れ親しむと同時に，ローマ字指導や高学年の「書く」活動につながる授業を設定しました。

授業の流れ

導入	①アルファベットをみんなで確認する。 ②先生がつくったアルファベット書き順クイズをする。◀ ICT
展開	③アルファベットクイズをつくる。◀ ICT
まとめ	④みんなでクイズ大会をする。◀

1 アルファベット書き順クイズのテンプレートをつくる

　まずは，事前に書き順クイズのテンプレートをつくっておきます。つくり
方は以下の通りです。

①「図形」から罫線を4本引く。
　（基準線となる上から3番目の線は少
　し太くしたり，色を変えたりしておく
　とよい）
②4本を「グループ」にし，右上の「ブ
　ラシ」マークからオブジェクトを「ロ
　ック」する。

　これで，テンプレートの完成です。テンプレートは授業前にスクールワー
クなどを活用してあらかじめ配付しておいてもよいでしょう。このあたりは
学校の環境次第で，最も配付しやすい方法を選択してください。

2 提示用クイズを事前につくっておく

　次に，提示用のクイズをつくります。
つくり方は以下の通りです。

①右上の「＋」マークをタップし，「描
　画」を選択する。
②1でつくった罫線の中にアルファベッ

トを書く。

③書いたアルファベットをタップし「アニメーション」を選択する。

④「ビルドインを追加」を選択し，「線描画」を選択する。

⑤アニメーションの継続時間を設定する（15秒程度）。

⑥右上の「…」をタップし，「書き出し」→「ムービー」を選択する。

　上記の方法で，「写真」の中に「書き順アルファベットクイズ」が保存されます。

③ アルファベットクイズをする

　作成した提示用の書き順クイズを使い，まずは全体で書き順クイズをします。やり方は簡単。教室にあるスクリーンに iPad の画面をミラーリングし，動画を再生するだけです。動画なので，動画の途中でわかった子がいれば，一時停止をし，そこで何のアルファベットかを尋ねます。いきなり全体を見るのではなく，直線や曲線から想像してアルファベットを考えるので，より形を意識することができるようになります。

④ アルファベットクイズをつくって，みんなで共有する

　今度は子どもたちに書き順アルファベットクイズをつくる時間を設けます。最初につくったテンプレートを配付し，あとは先ほどの手順通りにクイズをつくるだけです。大文字・小文字など，クラスの実態に合わせてつくらせてあげてください。子どもたちはクイズづくりを楽しみながら，アルファベットを書く活動に慣れ親しみます。書き順アルファベットクイズが完成したら，その中からいくつか動画を選択し，写真共有アルバムやロイロノート・スクールなどで共有します。できあがった子から，どんどん友達同士でクイズを出し合うのもよいでしょう。

プラスα　①「不透明度」を活用して，お手本を提示する

　不透明度を活用することで，お手本の形を後から提示し，自分の書いたアルファベットと重ね合わせて比較することができます。最初はお手本の不透明度を「0％」に設定しておき，子どもたちがアルファベットを書き終わっ

てから，お手本のアルファベットの不透明度を「100％」に戻すと，右の写真のように自分の書いたアルファベットと，お手本のアルファベットが重なります。こうすることで，アルファベットの文字の高さなどに，自分で気づくことができます。

プラスα　②"What's this?" クイズ

　この線描画のアニメーションを活用すると，"What's this?" クイズなどをすることもできます。たとえば，何か動物を手描きし，先ほどと同じようにアニメーションをつくります。後は，動画として書き出すだけ。それぞれの子が，いったい何の動物を描いているのかをみんなで予想しながら，"What animal is this?" "Is it a rabbit?" "Yes, it is." のように，楽しくクイズ大会をすることができますね。

※絵ではなく，スペルクイズなどもつくることができます。中学校などでも応用の効くICT活用の1つだと思います。

11 いろんなフォントにふれてみよう！
これは何のアルファベットかな？

場面	アルファベット（高学年の「読む」ことの導入）
英語表現	What alphabet is this?
ツール	Keynote/ カメラ

ねらい

　様々なフォントで書かれたアルファベットにふれ，いろいろな英語の形に慣れ親しむことができるようにする。

なぜ ICT?

　英語は，すべて教科書のようなフォントで書かれていません。たとえば G の小文字 1 つとっても「g」「g」「g」のように様々なものがあります。そこで今回は，Reading の

導入として，様々なフォントのクイズをすることを通し，いろんな形のアルファベットに慣れ親しむ活動を設定しました。

授業の流れ

導入	①小文字のアルファベットを全体で確認する。
展開	②フォントクイズをする。◀ ICT ③身の回りにある英語を探す。◀ ICT
まとめ	④見つけた英語をみんなで共有する。◀ ICT

フォントクイズをする

　アルファベット26文字を教科書のフォント（子どもたちが最も慣れ親しんだもの）で復習します。その後，Keynote で，そのフォントとは異なるフォントを表示します。私の場合，まずは「g」にしました。

T：What alphabet is this?
C：G！

　子どもたちは悩むことなくこれが「G」であることがわかりました。そこで，子どもたちに先ほど復習した「g」を示し，「『G』はこれじゃないの？」と尋ねます。すると子どもたちからはたくさんの意見が出てきます。

C：これも G だよ！
C：だって，下に左側に向いて曲がっているもん！
C：これ，「グラム」で使う G じゃないの？

　このように，子どもたちは文字の形から推測したり，今までの経験と照らし合わせたりしながら，どんどん意見を言います。こういった流れから，アルファベットにもいろいろな形があるということを知っていきます。そこで次に，少し崩れたフォントを示します。

C：え!?　何これ!?

C：これもやっぱり G なんじゃない？　だって，下に飛び出して左に曲がっているもん！

　先ほどの話し合いから，子どもたちはどんどん推測します。このように，大人であれば，どれも簡単に G と識別できても，子どもの場合，形が違うこれらのものをすぐに認識できない場合もあります。教科書フォントの英語だけに慣れ親しんでいると，子どもたちは，その形のみが正しいものだと考えてしまいますが，身の回りにある英語には，思った以上にいろいろなフォントが混在しています。Writing 練習の場合は，教科書フォントで練習するのがいいとは思いますが，Reading をする場合はいろんなフォントのアルファベットを認識できるに越したことはありません。それを楽しみながら慣れ親しむのは，とても大切なことです。

　ちなみに，「g」の他にも「a」なども教科書フォントとは違った形をしており，頻繁に見かけるため，とてもおもしろいと思います。

② 身の回りの英語を探す

　いろんなフォントに慣れ親しんだところで，今度は身の回りにある英語に目を向けさせます。教室や廊下，自分の持ち物など，子どもたちの身の回りには，意外と英語がたくさんあります。それらをたくさん見つけて写真で撮影していきます。

　見つけた英語の意味が気になる子は辞書を使ったり先生に聞いたりしても構わないことも伝えてあげてください。

③ 見つけた英語をみんなで共有する

　ただ英語を見つけるだけでは，この活動に意味はありません。見つけた英語のアルファベットをきちんとみんなで共有する必要があります。右の写真は，教科書フォントとは違う「g」を見つけた子が他の子に説明している様子です。他の子たちも「あ！　これはさっきの"g"や！」と嬉しそうに言います。ここで子どもたちから「これって，どんな意味の単語なんやろ？」「何て読むのかな？」というつぶやきも出てきます。このように，アルファベットの慣れ親しみから，単語そのものの意味や発音の仕方などに自然と思考がいくことが，どの授業でも大切です。そのような思考が生まれることで，子どもたちは進んで英語の意味を調べたり，ALTに質問したりと，主体的に学びに向かおうとするのです。

プラスα　家庭と学校をつなげよう！

　この学習をした時は，対面児童に加え，オンラインで授業に参加する子もいました。英語探し自体は家でもできます。また，教室にはない，より多様なフォントを見つけ出すこともできます。また次の日，子どもたちは「先生！　家にも英語があったよ！」と嬉しそうに報告してくれる子がたくさんいました。この授業をする前は，"g"をそのまま書いてしまう子がいましたが，アルファベットには様々なフォントがあるということを知った子どもたちは，逆にWritingの際には「g」と書けるようになってきました。フォントが違っても同じであるという認識は，なるべく早い段階から知っておいた方がいいですね。

12 Keynote の GIF 書き出しを活用しよう！
写真でひと言！ルーレット

場面	話すこと（即興的に）
英語表現	I'm happy/ sad/ angry. など
ツール	Keynote

ねらい

　写真に写っている人になりきって，即興的にその人の気持ちや状況などを英語で伝えることができるようにする。

なぜ ICT?

　今回は ICT を提示ツールとして活用します。ルーレット形式で画像を提示することで，子どもたちは画像が表示されるギリギリまでアウトプットをすべき英語がわかりません。つまり，準備した英語を話すのではなく，パッと画像が表示された段階で英語を考える必要があります。これを続けることで，即興的に英語を話す力を身に付けられるようにします。

授業の流れ

導入	①感情を表す英語表現を確認する。◀ ICT
展開	②ルーレットを使って，「写真でひと言！ルーレット」を行う。◀ ICT
	③ルーレットを子どもたちにも配付し，ペアでアクティビティをする。◀ ICT
まとめ	④使った英語表現を全体で共有する。◀ ICT

✓ ICT 活用のポイント

1 ルーレットで使う画像を準備する

今回は感情を表す英語表現ですので，人物が写った画像を活用します。もちろん，先生自身で撮影しても構いません。また，インターネットから画像を活用する際は「CC0」のものをダウンロードします。「CC0」を付与された画像は，「いかなる権利も保有しない」ことが表されているため，使いたい人が改変なども含め，自由に使えますし，クレジットの表記なども不要なものです。「CC0」を横断検索できるサイトはたくさんありますので，そういったサイトで「emotion」などの検索ワードを入力すると，今回の学習で使用できそうな画像を見つけることができます。なお，CC0の画像であったとしても，道徳的・モラル的発言などに留意できる態度を児童がきちんと身に付けている必要があることは言うまでもありません。

2 ルーレットをつくる

Keynote を活用すれば，ルーレットを簡単につくることができます。ルーレット自体は Keynote を活用して，アニメーション GIF で書き出しをしてつくります。再生自体は別の Keynote ファイルに貼り付けて行います。具体的なつくり方は以下の通りです。

まずは次のページのように，スライドに 1 枚ずつ準備した画像を入れていきます。次に「書き出し」から「アニメーション GIF」を選択し，書き出し

をします。その時に「GIFオプション」でスライドの範囲を選択してくださ
い（今回私は8枚の画像を用意したので，「1〜8」にしました）。また，自

動進行を「1秒」に設定します。そうす
ることで，8枚のスライドが1秒で1周
する速度で書き出されます。後は「書き
出し」をタップし，画像を保存すること
で，「写真」にルーレットのGIFが保存
されます。

　完成したら，今度は新しいプレ
ゼンテーションを作成します。そ
こに先ほどのGIFを貼り付けれ
ば完了です。ルーレットは，<u>スラ
イドショーを再生せずに</u>，右のよ
うな画面の状態で「再生ボタン」
をタップすると，ルーレットがス
タートし，もう一度タップすると
止まります。スライドショーを再
生してしまうと，GIFは止まらな
いので注意してください。

このように，スライドを再生し
ない状態で再生ボタンをタップ
し，ルーレットを活用する。

3 「写真でひと言！ルーレット」をする

　アクティビティのやり方はとてもシンプル
です。止まった画像の人になりきって英語を
言うだけです。今回は感情表現だけでなく，
いかに即興的に英語をアウトプットできるか
が重要になります。基本例文だけでなく，ア
ドリブで既習表現などを使えた子をほめてあ

げてください。それらの表現を板書してあげてもよいでしょう。また，慣れてきたらペアでどんどんアクティビティをやらせてあげてください。

【例】

> Oh, it's very sour.
> I'm very sad.
> I don't like lemons!

> Hey! What's this?
> It's not my glasses!
> I'm very angry.

プラスα　ルーレットの活用

　アニメーション GIF は，さまざまな場面で活用できます。パラパラ漫画のようなアニメーションをつくることもできれば，今回のようにルーレットをつくることもできます。ルーレットは，このような即興的に英語表現を使わせたい場面に使用するだけでなく，たとえば2つのイラストをルーレットで提示することで，その組み合わせからいろんなパターンの英語表現を同時に定着させることもできます。ちなみにこの画像はそれぞれ "He can play soccer." と "She can play the piano." になります。

can play

can play

13 無音動画を使ってみよう！
What is he saying?

場面	聞くこと・話すこと（語彙習得）
英語表現	What animal is this?
ツール	カメラ／写真

ねらい

　口の形を意識しながら楽しく発音練習をすることで，動物に関する語彙を習得することができるようにする。

なぜICT?

　最近ではマスクをつけて英語指導をすることが多くなっています。そのため，発音指導をする時に口の形を意識させることなどが難しくなってきました。また，今回の活動では声を出さずに口の形だけを見せるのではなく，「実際に発音しているところを無音にして示す」ことができることに意味があります。

授業の流れ

導入	①動物に関する語彙をみんなで発音練習する。
展開	②無音クイズをする。◀ ICT ③文というかたまりでフレーズの練習をする。◀ ICT
まとめ	④改めてみんなで発音してみる時間を設ける。

ICT 活用のポイント

1 無音クイズ動画を事前につくっておく

　あらかじめ，動物に関する語彙を ALT が発音しているところを動画で撮影しておきます。大袈裟にする必要はありませんが，なるべくはっきりと言ってもらうことで，口の形を子どもたちが意識できるようにしておきます。

　子どもたちに提示するときに，いちいち iPad やテレビの音量を0（消音）にするのは手間なので，私は iMovie などを活用し，無音の動画と，発音入り動画の2本ずつを用意しました。ここで大切なのが，ALT が声に出さず口の形だけを示すのではなく，本当に発音している動画を無音にするということです。そうすることで，より自然な口形を子どもたちに示すことができます。

2 無音クイズを行う

　つくった動画を子どもたちに見せます。

T : What is he saying?
　（"What animal is this?"など
　でも当然問題ありません）
C : "dog"？
C : "duck"？

　子どもたちは口の形を見ながら ALT が何と発音しているのかを予想し，口々に発言します。この時，子どもたちは ALT の口の形に合わせて，Key

Words の中から合いそうなものを何度も自分で発音します。ALT の口のモノマネをしながら，自然といろんな単語をアウトプットするようになるというのが，この活動のポイントです。静かに考えさせるのではなく，その口に合う英語をどんどんアウトプットさせてあげてください。

　またこの時，教師は子どもが言った動物名を板書します。そうすることで，スペルを意識したり，それぞれのアルファベットの音を意識したりすることができます。たとえば上記の例では，dog の "o" と duck の "u" の部分で異なる口の形を捉えることができます。何気なく聞いていた単語の発音を細かく分析することで，子どもたちにしっかりと英語の発音を意識させることができるのです。

3 文というかたまりでフレーズ練習をする

　ひと通りクイズが終われば，今度はそれらの語彙を定着させていきます。しかし，単語だけをただフラッシュカードのように繰り返しても，それらをフレーズで言えるようにならなければ意味がありません。

　そこで私はよく，GarageBand のリズムパートを使い，フラッシュカードの単語すべてに Key Sentence をつけ，リズムに合わせて発音する時間を設けています。文というまとまりで繰り返しリズムに合わせてアウトプットをする時間を設けることで，フレーズが定着できるだけでなく，単語同士のつながりや英語のリズムを子どもたちは自然と体得できるようになるのです。

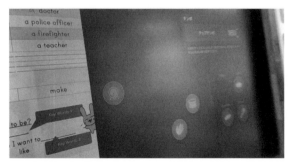

Chapter 4

学びが深まる!

小学校
英語×ICT
の
授業アイデア

5・6年生編

その単語はどんなニュアンス？

アクション GIF カードづくり

場面	語彙習得
英語表現	Dogs can 〜 . (I/ He/ She can 〜 .)
ツール	Keynote/ 写真

ねらい

動物の動作を表す表現のニュアンスを知ることができるようにする。

なぜ ICT?

英単語と日本語の意味というのは，必ずしも 1 対 1 ではありません。「swim＝泳ぐ」のように，訳を覚えるのではなく，それぞれの表現がどのようなニュアンスなのかを実際の動きと英語表現を結びつけるために ICT を活用しました。完成したカードは，次回以降はデジタルフラッシュカードとして使用します。

授業の流れ

導入	①動物のフラッシュカードから，動物の動きに関する語彙を知る。
展開	②ペアをつくり，友達と協力して「動き」に関する GIF カードを制作する。◀ ICT ③自分たちの作品と，他のペアの作品とを比べながら，動きのニュアンスについて知る。◀ ICT
まとめ	④みんなでつくった絵カードで Key Words の再確認をする。◀ ICT

アクション GIF カードをつくる

　本授業は，単元で使用する語彙を習得するための活動です。語彙習得の方法は様々ありますが，今回はその単語の意味と動きとをリンクさせることで，単語のニュアンスを子どもたちが理解できるような活動を設定しました。まずは，2人でペアをつくります。その後，導入で知った単語リストを配付し，それらの単語に合う動きを考え，GIF カードづくりに取りかかります。

【GIF カードのつくり方】

　GIF カードは Keynote を活用してつくります。手順は以下の通りです。

①3枚のスライドを用意する。

②それぞれのスライドに，選んだ単語が表す動きを撮影し，挿入する。

③英単語を「テキスト」か「手書き」で入力する。

④「アニメーション GIF」形式で書き出す。

⑤「写真」アプリに保存する。

⑥共有アルバムに保存する（GIF ファイルを共有できるアプリケーション）。

※右図のように，イラストなどを描き込むとより伝わりやすいカードになります。

※ GIF 画像とは，複数の画像を1つにまとめ，パラパラ漫画のようなアニメーションをつくることができるものです。

　ある程度 GIF カードができると，同じ単語でも違う動きのものが複数出てきます。ここで，ALT に単語のニュアンスを含めて尋ねる時間を設けます。たとえば，下の画像をご覧ください。

　子どもたちはどちらも "climb" という単語の動きとして GIF カードを制作しました。どちらも「のぼる」という動作ではありますが，共有することで子ども自身が両者の違いに気づいたり，そこに「本当にどちらも正しいのか」といった疑問が生まれたりしてきます。

　そこで ALT に，ニュアンスを尋ねる場面を設定します。すると，ALT はそれぞれの作品について自然かどうかを伝え，自然でない場合には，より適切な表現を子どもたちに教えてくれます。この場合，左のように遊具に登ったり，崖や山に登ったりするものは "climb" ですが，右のように階段を上る場合は "Go up the stairs." となります。教師が最初から「（山などに登る）＝ Climb」と教え込むのではなく，子どもの気づきから，表現のニュアンスを知ることが語彙習得では大切なのです。右のように，創造力を働かせて，横向きに撮影することで "climb" の様子を表現する子どもも出てきますよ。

【単語リスト】

see/ climb/ eat/ sing/ play/ run/ sleep/ fly/ swim/ dance/ jump/ crawl/ walk など（学級の実態や扱う UNIT に合わせて設定）

3 できあがった絵カードで，Key Words の再確認をする

GIF で絵カードをつくるもう 1 つの理由に，今後の学習でもそれらを活用できるという点が挙げられます。もちろん，子どもたちがつくった絵カードですので，子どもたち全員に配付しても，著作権の心配はありません。授業の最後には，早速できあがった絵カードを使い，ALT とともに単語練習をします。自分たちで動きを思考してつくった絵カードですので，普通のフラッシュカードよりも語彙がしっかりと定着します。

プラスα　家庭と学校をつなげよう！

今回は共有アルバムにできあがった画像を入れたことで，家でも絵カード作成を楽しむ子が出てきました。むしろ，"eat" や "sleep" などの英語表現は，実際にお家で何かを食べたり，ベッドで寝たりするような場面を撮影した方がリアルです。そういった意味では，オンラインでの学習で，お家でも十分に楽しめる活動の 1 つだと思います。また，上記単語リスト以外の英単語をカードにする子もいましたよ。

ちなみに，今回は "can" の単元で行いましたが，"My Daily Life" のように，1 日の生活の様子を伝える単元でもこの活動は有効です。名詞であれば，絵カードが動く必要はありませんが，動詞を扱う単元であれば，どの単元でもこの活動ができ，さらにデジタルで保存をするため，これからもずっと活用できるものになります。Keynote の活用に慣れていると，45 分という時間の中でたくさんの絵カードをつくることができるようになりますので，ぜひたくさん，子どもたちと GIF カードづくりをしてみてください。

02 AI に認識されるかな？
Let's write English!

場面	書くこと
英語表現	It's Sunday. など
ツール	Google 翻訳「カメラ入力」機能

ねらい

　文字の大きさ，高さなどに気をつけて，正しいスペルで英語を書くことができるようにする。

なぜ ICT?

　「英語を丁寧に書きなさい！」「スペルは正しく書く！」など言わなくても，みんなとても丁寧に，スペルも正しく書けるようになる魔法の言葉が，「AI に自分の英語を認識させてみよう！」です。AI を活用することで，英語を書くことだけでなく，英語の文字そのものにとても興味をもてるようになります。

授業の流れ

導入	① Key Words や Key Sentences を確認する。
展開	②ノートにライティング練習をする。 ③ Google の「カメラ入力」機能で自分が書いた英語を翻訳してみる。◀ ICT
まとめ	④文字の大きさや間隔など，子どもたちの気づきからライティングで大切なことを共有する。

ICT 活用のポイント

1 ノート(ワークシート)に Key Words や Key Sentences を書く

いきなり ICT を使わないのかと思った方もいらっしゃるかもしれませんが，ここはアナログ的な活動になります。しかし，ここで1つ，子どもに伝える時に大切な言葉があります。それは「AI に読み取ってもらえるような字で書こうね」ということです。試しに教師が板書し，それを後ほど使う Google 翻訳アプリの「カメラ入力」機能を使ってかざしてみると，しっかりと翻訳されることを示してもいいかもしれません。この言葉1つだけで，子どもたちは AI に読み取ってもらいたい一心で，とても丁寧に英語を書こうとします。

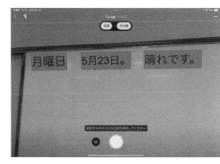

2 ノートに書いた単語や文を AI に翻訳させる

今回使うアプリケーションは，「Google 翻訳」です。この中の「カメラ入力」機能を活用します。普通は文書などを読み取って翻訳するために使うのですが，この機能を使って子どもが書いた英文を読み取らせます。この際，最初の段階で，読み取る言語を「英語」，訳語を「日本語」に設定するよう子どもたちに伝えてください。ここで，「翻訳？」と思う方もいらっしゃるかもしれませんが，この点については後述します。まずは，子どもが書いた英文を AI がきちんと読み取ることができるのかが大切なのです。判定は結構シビアですので，丁寧に書かなければ当然読み取ってもらえません。この要素だけで，子どもたちは何度も消しゴムを使って，丁寧に英語を書き

直すようになりますよ。

3 子どもの気づきを拾い上げていく

子どもたちは AI に自分の英文を読み
取らせる中で、いろんなことに気づきま
す。たとえば、"It's Monday." などの
曜日を書かせたとしましょう。すると、
「月曜日です。」と翻訳されるのですが、
「.（ピリオド）」がないと「月曜日です」
と「。」なしで翻訳されます。また、中
には「なんで Monday って書いたのに
『男の日』って表示されるの !?」と悩ん
でいた子もいました。その原因は
「Manday」と頭の部分が「Man」にな
っていたからでした。こういった細かい

スペルミスなども AI はきちんと認識してくれるため、子どもたちは楽しみ
ながら、ライティングをする際の大切なポイントにどんどん気づくことがで
きるようになるのです。

4 子どもたちの気づきをもとにポイントをまとめる

先ほど個々の子ども
たちが気づいたこと
を、最後にみんなで共
有します。そうするこ
とで、ライティングで
大切なポイントを全員

が理解できます。ただ活動をやらせっぱなしでは，意味がありません。子どもたちの気づきを最後は教師がきちんと子どもたちに伝えてこそ，技能の定着に結びついていくのです。

プラスα ①身の回りのものにかざしてみよう！

　この Google 翻訳のカメラ入力を使った子どもたちは，当然のように身の回りにある英文にどんどんデバイスをかざして翻訳を楽しみます。「え!?　これってこんな意味だったんだ！」と，普段あまり気にしていなかった身の回りの英語にとても興味をもち始めるきっかけにもな

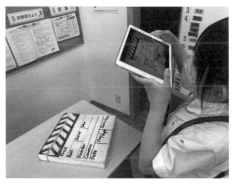

るのです。今回はライティングの技能向上のために活用しましたが，もっと前段階の文字指導の導入や，身の回りの英語に着目させたい時など，様々な場面で活用できるアプリケーションです。

プラスα ②家庭と学校をつなげよう！

　AI を活用した英語学習のメリットに，教師がいなくても，自分自身で自己のアウトプットした英語を捉え直すことができる，という点が挙げられます。たとえば，家庭学習の場面において，いくら英語の練習をさせても，それが正しいのかどうかを判断できない子の場合は，「ただやらされている」だけの宿題になってしまい，そこに何の気づきも学びも生まれません。しかし，AI を使うことで，自己の英語を楽しく見つめ直しながら，同時に多くのことに気づき，自分自身で学びを深められるようになります。AI の活用は個別学習をする上ではとても有効な手段の1つなのです。

03 Keynoteで4コマ漫画をつくろう！
What is she doing?

場面	話すこと【発表】
英語表現	She/ He is 〜 ing.（I went to 〜 . のような過去の表現でも可）
ツール	Keynote

ねらい

4コマ漫画に出てくる登場人物の場面や状況を英語で伝えることができるようにする。

なぜICT?

今回は写真で4コマ漫画をつくります。デジタルワークシートの形で4コマ漫画のテンプレートを作成し，子どもたちに配付することで，子どもたちがすることは写真を4枚撮影することだけになります。絵を描いたり，いちからレイアウトを考えたりするのは時間がかかり，肝心な英語を使った活動の時間が減ってしまいます。シンプルかつ友達とのコミュニケーションを豊かにする。これがICT活用の鉄則の1つです。

授業の流れ

導入	①どのような場面でどのような英語表現が使えるか，全体で共有する。
展開	②友達と協力して4コマ漫画に使う写真を撮影する。◀ ICT ③4コマ漫画をつくる。◀ ICT
まとめ	④できあがった作品をみんなで共有する。◀ ICT

☑ ICT活用のポイント

① ４コマ漫画のテンプレートを作成しておく

　まずは４コマ漫画のテンプレートをつく
っておきます。４コマ漫画のテンプレート
に限らず，テンプレートでは「プレースホ
ルダ」というものを活用します。「プレー
スホルダ」とは，子どもたちに写真を入れ
させるために仮に確保した場所のことで

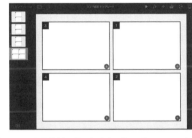

す。「プレースホルダ」を設定しておくことで，子どもたちは「＋」マーク
をタップし，画像を挿入するだけになります。レイアウトなどをあらかじめ
指定しておきたい場合にはとても有効な手段の１つです。

【プレースホルダの設定の仕方】
①任意の画像をスライドに挿入する（白い長方形の
　画像をあらかじめ用意しておくといいでしょう）。
②挿入した画像を選択し，右上の「ブラシマーク」
　をタップする。
③「イメージ」を選択し，「プレースホルダとして
　設定」をタップする。

　ちなみに前時は２コマ漫画のテンプレートで２コ
マ漫画の作成を行いました。今回学習する英語表現である「今していること
(She/ He is ～ing.)」のみを使って漫画をつくる活動です。そして今回４
コマ漫画にした理由は，「それらの表現を２コマ目と３コマ目におき，１コ
マ目と４コマ目にどんな場面や状況をおき，そしてどんな英語表現を使える

か」を考えさせたかったからです。具体的には後述します。

② 4コマ漫画をつくる

　4コマ漫画をつくる前に，まずは前時の学習（先述の2コマ漫画づくり）を振り返ります。次に，みんなで1コマ目と4コマ目にどのような表現を入れるとよいかを考える時間を設けます。

【例】表現例

■1コマ目：登場人物がいる場所や日時・場面・状況など

Today is his friend's birthday. / He is going to his friend's birthday party today. / He is in his room./ He is good at making. など

■2・3コマ目：基本的には今回学習する英語表現を使う

(So) He is making a present (for him). He is using a pencil and scissors.

■4コマ目：何かオチを入れる（1コマ目の否定など）

His friend is very angry. Today is not his birthday. / His birthday was yesterday. / Tomorrow is his birthday.

　もちろん上記のような表現に加えて，セリフなども入れて問題ありません。既習表現の中から使えそうな表現はどんどん使わせてあげてください。また，あくまで全体で表現は共有しますが，今回は主人公を「友達」に設定

しているので，基本的にはペアやグループで協力しながらつくることになります。友達と場面や状況を考えたり，それに合うセリフや英語表現を考えたりと，自由につくらせてあげてください。ちなみに，つくり方は以下の通りです。

①友達同士でそれぞれの場面やセリフを考え，その後それに合った写真を4枚撮影し，プレースホルダのある場所に挿入する。

②セリフを録音し，友達同士で録音内容を確認する。適宜アドバイスなどをし合う。

3 「ムービー」で書き出し，みんなで共有する

　録音が完了したら，「ムービー」で書き出し，みんなで共有します。共有は写真共有アルバムや，ロイロノートなどを活用してください。そうすることで，できあがった子たちから，どんどん作品を見合って，よりよい作品をつくり上げていくことでしょう。また，他の友達の作品ではどんな英語表現が使われているのかたっぷりと聴き合い，わからない表現は友達同士で教え合うのもよいでしょう。

プラスα　どのような表現でも応用できる

　たとえば，過去形などの表現でも，この活動は可能です。4コマにすることで，場面や状況を考えて，子どもたちが既習表現を活用する必然性も生まれてきます。ぜひいろいろな表現を活用させてあげてくださいね。

04 ライブタイトルを活用してみよう！
This is "ME".

場面	話すこと【発表】・書くこと（タイピング）
英語表現	自己紹介で使える表現
ツール	Clips（ライブタイトル）／写真（共有アルバム）

ねらい

ライブタイトルを活用し，文字の大きさや，単語と単語の間の間隔，ピリオドなどの英語のルールを意識することができるようにする。

なぜICT?

「話すこと」と「書くこと」を同時並行で学習することはアナログではなかなか難しいことです。ICT を活用することで，それぞれが独立することなく，同時に学習を進めることができるため，関連させながら英語表現や英語のルールを定着させることができます。

授業の流れ

導入	①自己紹介で使えそうな表現をみんなで考える（デジタルポートフォリオなどを活用して振り返るのもよい）。◀ **ICT**
展開	② Clips を活用して自己紹介動画を撮影する。◀ **ICT** ③ライブタイトルで表示される英語のスペルなどが正しいかを確認して，修正をする。◀ **ICT** ④動画を書き出して，共有する。◀ **ICT**
まとめ	⑤友達の作品を見ながら，お互いに感想やアドバイスなどをコメントし合う（適宜訂正を行う）。◀ **ICT**

✔ ICT活用のポイント

1 自己紹介で使えそうな表現をみんなで考える

　既習表現を振り返るということは，外国語の学習ではよくあることです。一度学習した表現というのは，その単元内のみで使うのではなく，今後何度も活用することで，定着されていくからです。こういった場面で，過去の映像作品やデジタルポートフォリオを活用し，自分たちで表現を振り返らせる活動をするのも1つの手段です。過去の学びのデータが，文字だけでなく，様々な形で保存されているというのもICTを日頃から活用している1つのメリットになります。

2 Clipsを使って自己紹介動画を作成する準備をする

　Clipsというアプリケーションには，「ライブタイトル」という機能があります。この機能を活用すると，子どもたちが話した英語を自動的に文字化して動画内に挿入してくれます。外

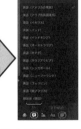

国語の学習で活用する場合は，上の図のように，ライブタイトルを選択し，言語設定を英語にしてください。
　英語といっても，アメリカ英語やイギリス英語など，細かく設定ができるので，地域ごとの英語の発音の違いに迫る授業でも役立ちそうですね。ALTの出身地域によっても変更可能ですので，デモンストレーション動画などもつくりやすいです。

3 実際に自己紹介動画を撮影する

　設定が完了したら，いよいよ自己紹介動画を撮影します。ライブタイトル機能が有効になっていると，右の写真のように話した英語がそのまま字幕となって表示されるようになります。もし仮に自分が意図していない英語表現が出てきた場合は先生や ALT，クラスの友達に自分の発音を聞いてもらうのもいいでしょう。ここは学級の実態に応じてくださ

and I always sing when I get back home. And my hobby is playing the

い。私が行った時は，特にスクリプトを準備させませんでしたが，ライティング学習につなげる際には，事前に書かせたスクリプトと字幕とを見比べさせることによって，スペルやピリオドの有無などを意識させるとよいでしょう。

4 字幕を修正する

　このライブタイトルは，後から修正をすることができます。いくら発音しても入力されない場合や，ピリオドが正確に入らない場合などは後から修正を行います。こうすることで，子どもたちは自然とスペルを意識したり，ピリオドを書いたり，単語と単語のスペースを意識したりすることができるようになります。

5 動画を書き出して共有する

　動画を書き出し，「写真」の共有アルバムに追加します。これは，ロイロノート・スクールのような共有アプリを活用しても構いません。作品を共有することで，子どもたちの学びを促進させます。子どもたちは友達の作品を

見て，思い思いに感想を
書いていきます。「発音
とても上手！」「身ぶり
手ぶりがあってわかりや
すかったよ！」「最後に
挨拶があっていいと思
う！」のような発表の仕

方に対するコメントや「文の最初は大文字にした方がいいよ！」「名前の最
初は大文字だね！」のような文法的なアドバイスだけでなく，中には「へ
ぇ！ 体育の先生になりたかったんだね！ はじめて知った！」のように友
達の新しい側面に気づいたことを書く子も出てきます。

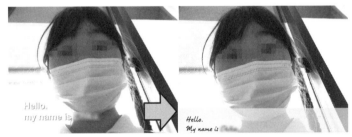

6 さらに修正をする

　たとえば右
の写真を見て
ください。こ
れは，子ども
たち同士でや
り取りしたコ

メントを見て自らライブタイトルを修正した子の作品です。友達のコメント
を受け，「M」を大文字に変えています。このように，子どもたち同士で教え
合いながら，どんどん自己の英語表現を捉え直していくことができるのです。

プラスα AR 機能の追加

　Clips に AR 機能が最近導入されました。さらに子どもたちの表現力が高
まり，より創造性に満ちた作品をつくることができそうですね。

05 発音やアクセントを見よう！
Let's "watch" our pronunciation!

場面	発音・アクセント指導
英語表現	どの英文でも（Conversation）
ツール	ボイスメモ

ねらい

ALT と自己の音声を「波形」として視覚化することで，言語に対する気づきを促し，主体的にアウトプットできるようにする。

なぜICT?

日常生活において英語に慣れ親しむ機会が少ない子どもたちにとって，自分の英語を客観的に捉えたり，それがネイティブの英語に近づいているかを知ったりするためには，音声でのやり取りだけでは限界があります。そこで今回は，ICT を活用し，自分の発音やアクセントを「見える化」することで，子どもたちが主体的に自分の英語を捉え直し，そこから進んで英語を発することができるようにしました。

授業の流れ

導入	① "What are you doing?" をボイスメモに録音してみる。◀ ICT
展開	② ALT の録音波形と比較し，みんなで意見を共有する。◀ ICT
	③ スクリプトに出てくるもう１つの "What are you doing? の波形と先ほどの波形を比較する。◀ ICT
まとめ	④ リズムに合わせて発音練習をする。◀ ICT
	⑤ 友達と学習した表現を使って会話練習をする。

ICT 活用のポイント

　私は，普段 Routine Work として行っている Conversation のスクリプトを活用しましたが，基本的にどのような Key Sentence でも実践可能な活動です。

1 "What are you doing?" という文を録音してみる

　まずは，スクリプトの最初に出てくる "What are you doing?" という表現をボイスメモで録音する時間を設けます。すると，子どもたちの波形は，だいたい右の写真のようになります。

2 ALT の発音と比較してみる

　次に ALT に同じ英文を発音してもらい，自分たちの発音と比較してみます。しかし，この段階では，「滑らかに聞こえる！」などの気づきはありましたが，あまり深い気づきはありませんでした。

　そこで，その場で ALT に発音してもらい，ボイスメモに録音してみます。すると，その波形を見るや否や，子どもたちからどんどん気づきが出てきます（P.17の波形参照）。

3 波形から気づいたことを共有する

　子どもたちからは以下のような気づきが出てきます。

Chapter4

学びが深まる！小学校英語×ICTの授業アイデア　5・6年生編

「リズムを変えているのかも？」

「What are you を早く言って１つ目の山になって，doing が２つ目の山になっているんじゃない？」

「"What are you" が『ワラユ』に聞こえるから，２つの単語がくっついて１つの山になっているんだと思いました」

「Are がとても聞こえづらいとは，そもそも発音していないのかも？」

　これらの意見から，このタイミングですでに，英語には強勢・弱勢があることや，単語同士がくっついて，短く発音することなど，多くのことに気づくことができます。

4　一度表現の練習をする

　このタイミングで，一度波形の山が２つになるように，"What are you doing?" という文の発音を再度録音する時間を設けます。すると子どもたちは ALT が発した英語の波形を目指し，何度も繰り返し録音する姿が見られるようになります。

　さらにその後，音楽制作アプリ GarageBand のリズムパートを使って，みんなで "What are you doing?" の練習をすることで，英語表現を定着させるのもよいでしょう。

5　異なる場面で同じ文の波形を比較する

　今度は，スクリプトの後半に出てくる，もう１つの "What are you doing?" の波形のみを提示します（こちらは，あらかじめ ALT に録音してもらい，波形をつくっておきます）。すると子どもたちからはさらに以下のような気づきが出てきます。

　「山が２つではなくて，３つになっている !?」

　「真ん中の山にはどの言葉が入るの？」

「どうしてリズムが変わるのかな?」

　しばらくすると，スクリプトに目を向ける子どもが出てきて，以下のような発言をする子が出てきます。

「これは，聞き返しているからじゃない?」

「『君は?』と聞き返すので，"you"が強くなっているんじゃない?　だから，山が3つになっているんだと思う」

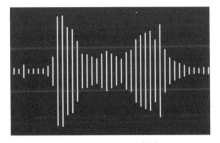
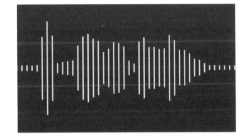

最初の場面での波形　　　　　　　　　　後半場面での波形

　このように，子どもたちは，波形を見ただけでも，いろんな気づきから，英語の発音やアクセントについて考えることができるのです。

6　自分たちの考えが正しいかどうかを確かめる

　このタイミングで，実際のALTの発音を聞き，自分たちが考えたことが本当に正しいのかを確かめる時間を設けます。「英語には強勢と弱勢がある」「単語同士の発音がくっつく」という基本的な事柄に加えて  「相手に聞き返すなどの『状況』によっても発音が変わる」ということまで自分たち自身で気づくことができたのは，やはりICTを活用して，英語を視覚的に捉えたことが，とても大きな要素であると言えます。

06 場面に合わせて考えよう！
How do you say "がんばれ！" in English?

場面	話すこと【やり取り】
英語表現	You can do it. Don't give up. など
ツール	カメラ（動画）

ねらい

　日本語と英語で１対１の訳がない表現を，場面や状況に応じて何と英語で言えばいいかを考えて，伝えることができるようにする。

なぜ ICT?

　今回は，様々な場面での「がんばれ！」と伝えるシーンを比較しながら，どのように英語で表現すればよいのかを考える活動を設定しました。ICT を活用することで，数多くの映像をグループごとに提示することができます。

授業の流れ

導入	①「がんばれ！」を英語で何と言うか考える。
展開	②様々なシチュエーションで「がんばれ！」と伝えている映像をグループごとに提示し，どんな言葉かけがふさわしいかを考える。◀ ICT
まとめ	③グループごとに考えた英語表現を発表し，共有する。

ICT 活用のポイント

 「がんばれ！」を英語にするとどうなるかを考える

　日本語の表現の中には，日本語特有のニュアンスが含まれたものがたくさんあり，それを英語でどのように伝えればよいかわからない場合があります。そこで今回は子どもたちに「がんばれ！」という表現を英語で伝えるという課題設定をしました。ただ，今回の活動で私が大切にしたかったのは，「がんばれ！」の正しい英訳を考えると言うことではなく，その「場面」や「状況」に応じて，どのような英語表現が使えるかを思考することです。まず単純に子どもたちに "How do you say 'がんばれ！' in English?" と尋ねると，以下のような回答が返ってきました。

C："Fight!" じゃない？
C："Work hard." とか？

　ここで私は，「今から映像で流れるものを応援してみよう！」と伝え，馬の赤ちゃんが立ちあがろうとしている映像を見せました。すると子どもたちは口々に英語で，このような応援を始めました。

C："You can do it!"
C："Go! Go! Try! Try again!!"
C："Don't give up!"

　映像が終わると「"Fight" はなんか戦っているみたいで変な気がする」「"Work" はしてないよな…」といったつぶやきが生まれました。

2 様々なシーンを見せて，どんな表現がふさわしいかを考える

　子どもたちに提示したのは以下のような映像です。これらは事前に ALT などと撮影しておきました。同じ「がんばれ！」と伝えるシーンでも，場面や状況は全く違います。たとえば「苦手なものを食べようとしている子に対する『がんばれ！』」「テストを受ける前に伝える『がんばれ！』」「発表の前で緊張している子に対しての『がんばれ！』」「リレーをしている子に対しての『がんばれ！』」などです。これらの映像をグループごとに配付し，考える時間を設けます。

　子どもたちは映像を見なが
ら口々に英語を言います。た
とえば給食のシーンでは，
「"You can eat it!" はど
う？」「"It's yummy!" って
付け加えるのはどう？」
「"Why don't you try?" は

どうかな？」「"Hurry up and eat!" は？」「いや，それだと厳しすぎるで
しょ」のように，どんどん今までに知ってきた英語表現を出し合うようにな
ります。また，中には ALT に「"How do you say '○○' in English?」
と別の表現を尋ねようとする子も出てきます。

③ グループごとに考えた英語表現を発表し，共有する

　グループごとに違う映像を見ているため，子どもたちはいろんな表現を言
います。もちろん，その場で考えた表現もあるので，文法的に間違えている
ものもあるでしょう。しかしここで大切なのは，英語でなんとか思いを伝え
ようとすることなのです。また，子どもたちは今回の学習を通し，ただ英語
表現を考えるだけでなく「場合によっては英語でいろんな表現になる」こと
や「日本語の英訳は１つになるとは限らない」こと，さらには「自分の気持
ちを英語で表した言葉が日本語の『がんばれ』なんじゃない？」のように，
日本語の「がんばれ」の意味を改めて考える子たちも出てきました。

111

07

日本語と英語の違いを考えよう！

主語がない文の主語は何？

場面	言語や文化に対する理解
英語表現	I/ you/ he/ she/ it/ they
ツール	写真／Keynote

ねらい

主語がない日本語の表現を英語で表現してみることを通し，日本語と英語との言語的な違いや文化的な違いについて考えられるようにする。

なぜICT?

この学習には様々な提示資料が必要になります。それらを子どもたちの発言や気づきなど，思考の流れに沿って柔軟に提示するためには，ICTはとても便利なツールとなります。

授業の流れ

導入	①「おなかすいたな」「元気？」のような主語がない日本語を英語で何と言うか考える。◀ ICT
展開	②川端康成の小説『雪国』の冒頭部分の主語が何かを考える。◀ ICT
まとめ	③考えを共有し，日本語と英語の言語的・文化的な違いについて考える。◀ ICT

1 主語がない日本語表現を提示する

まずは, "I'm hungry" "I went to the park." "How are you?" "What are you doing?" などの子どもたちにとって既習の表現を「写真（イラストでも可）」で提示し, 日本語でセリフを考えさせます。すると子どもたちは「おなかすいた」「昨日, 公園に行った」「元気？」のように, 口語的に「主語」を省略した形で日本語を話すことでしょう。もしここで主語を省略せずに子どもたちが日本語を言った場合は, 今度は「日本語」で改めて提示します。

次に, これらを英語で何と言うかを考えさせると, 子どもたちは特に違和感をもつことなく "I'm hungry." "I went to the park yesterday." "How are you?" のように英語に直します。このタイミングで「"I" とか "you" をどうして入れたの？」と子どもたちに尋ねます。すると子どもたちは「だって, そんなん言わなくてもわかるから！」のように発言しますが, 中には「"Hungry" とかはいけそうだけど, "How are?" とか変だもん」「"What are doing?" も変な感じがする」のように「主語」である "I" や "You" という言葉を使わなければ意味が通じなくなったり, 不自然になったりするのではないかと予想を始める子も出てきます。ここで, それらの表現が不自然なのかどうかを ALT に尋ねる場面が生まれます。これら一連の流れから, 英語では基本的に「主語」を書くということを知ります。

2 『雪国』の冒頭を提示し, その「主語」がどうなるかを予想する

先ほどの例文は, 主語が省略されていても, "I" か "You" かは, 既得の日本語の感覚があれば, 容易に判断できるものでした。そこで次に, 川端康

成の小説『雪国』の冒頭部分である「国境の長いトンネルを抜けると雪国であった。」という「主語」が曖昧な文を取り上げ，この主語を考える活動を設定します。

　すると私の学級の子どもたちは自発的にノートや辞書などを活用しながら近くの子と議論を始めました。「"It is sunny." のように，主語がない場合は "It" でもいいんじゃないの？」「これって，自分の体験談だとすれば "I" じゃないの？」のように考える子もいれば，「1人とは限らないから，トンネルから出たのは "We" かもしれない」という子もいました。すると，「これって，主人公が誰かわからないし，男か女かもわからないから，He でも She でもいけそう。どんな主語でも当てはまるんじゃないの？」という言葉をきっかけに「この文の続きが知りたい。そこに書いてあるかもしれないよ！」という発言が出てきました。

　そこで続きの文である「夜の底が白くなった。信号所に汽車が止まった。」という文を新たに提示しました。すると「"train" が主語…？」「汽車に乗っているのかな？」と子どもたちがつぶやき出しました。そこで，エドワード・G・サイデンステッカーによる翻訳 "The train came out of the long tunnel into the snow country." を提示したところ，子どもたちからは「こんなの，この一文じゃわからないよ！」「でも，英語だと読まなくても最初から "The train" って書いてある」「詳しく書いてあるから想像せんでも読める」と口々に思いを語り出しました。

3　日本語と英語の表現の違いやニュアンスの違いを考える

　英語版を提示してしばらくすると，「なんか変な感じがする」とつぶやい

た子がいました。その「変な感じ」の原因がどこにあるのかを探るため，「主語がない日本語版と，"The train" という主語をつけて翻訳した英語版では，どんなイメージの違いがあるのかな」と問いかけます。その子は「なんか，電車に乗ってない気がする」と発言しました。すると別の子は「主語が "The train" やと，主人公が乗っていて雪国に来たんじゃなくて，トンネルからただ電車が出てきていることを書いているだけに感じる」と言いました。さらに別の子が「日本語版は，主人公が乗っている電車がトンネルの中にいるところから，トンネルを抜けて雪国まで出たところまでを感じられるけど，英語版は電車が山から出てくることしかわからない」とノートにイラストを書いて，それをみんなに提示しながら主張。さらに「トンネルの先はどうなっているんだろうというドキドキから，雪国が広がる感じがする」と意見をつなげた子も出てきました。

　このように議論を積極的に重ねながら，主語がない日本語版に "The train" という主語をつけたことで，「人物感」がなくなり，読者に伝わるニュアンスがガラッと変わってしまうということに気づくことができました。最後に「やっぱり日本語はあいまいやけど，それがいいんやと思う」と発言した子がいたのですが，子どもたちは議論を重ね，主語を省くことができる日本語と主語を必ず書く必要がある英語との間に生まれる表現やニュアンスの違いに主体的にアプローチできました。ちなみに，事前に ALT に描いてもらった『雪国』冒頭の文のイラストを授業の終わりに提示したのですが，やはり子どもたちの予想通り，トンネルから電車が出てきているものでした。

　英語と日本語ではニュアンスの違いや感じ方の違いがあることに気づいた子どもたち。ICT を活用し，子どもたちの思考の流れに沿って柔軟に「提示」することは，学びを深める有効な手段となるのですね。

08 スクロールゲームにチャレンジしよう！

How do you go to school?

場面	語彙習得
英語表現	I went there by 〜 . I go to school by 〜 .
ツール	Keynote

ねらい

　単語だけでなく，フレーズとして英語をアウトプットすることができるようにする。

なぜICT?

　今回はフラッシュカードの応用的な活用方法です。Keynote を活用することで，スクロールゲームのようにイラストが次々に流れてくるという提示をします。ICT を活用することで，コミュニケーション活動というより，ゲーム感覚で楽しみながら何度も英語のフレーズをアウトプットし，定着させることができます。

授業の流れ

導入	①前回の学習の復習をし，その後今回の学習で使用する語彙やフレーズを確認する。
展開	②全体でスクロールゲームにチャレンジする。◀ ICT ③グループに分かれてスクロールゲームをする。◀ ICT
まとめ	④全体の前で発表をする。◀ ICT

✔ ICT 活用のポイント

1 あらかじめ Keynote でスクロールゲームをつくっておく

　今回はゲーム的なアクティビティです。右から自動的に流れてくるイラストがスライドの真ん中に描かれた赤い〇の部分を通った時に，その単語が入ったフレーズを言うというものです。ちなみに，私は今回交通手段を伝える英語表現を定着させるためにこの活動を行いましたが，英語のフレーズ習得場面であれば，どんな場面でも活用できるものです。

【スクロールゲームのつくり方】

　今回は Keynote を活用します。まず語彙習得に必要な数のイラストを用意します。これは自分で描いても，フリー素材を活用しても構いません。

　次にそれらを横一列に一直線に並べます。私は，子どもがフレーズを言いやすいように，3つ区切りで合計15枚のイラストを並べました。この時，「車 - バス - 電車 / タクシー - 車 - 飛行機 / 電車 - 船 - バス」のようにランダムに用意したイラストが並ぶようにします。最後にそれらをすべて選択し，グループ化することで1枚の長い画像にしてしまいます。

　グループ化したら，スライドの真ん中に赤い丸を描きます。そしてその上に必要に応じて今回のフレーズを書いておきます。ちなみに今回の学習の目的は，フレーズごと語彙習得をすることですので，たとえば "I went there by 〇〇." のように単語が入る部分はブランクにしておきます。

　最後にトランジションの設定です。次

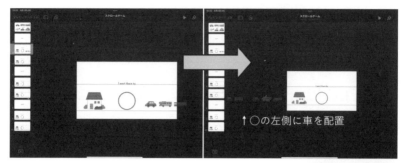

↑〇の左側に車を配置

の図のように，最初のスライドでは乗り物を〇の右
側，次のスライドでは〇の左側に配置します。あとは
この２枚のスライドを「マジックムーブ」というトラ
ンジションで結ぶだけです。こうすることで，乗り物
の画像は右から左にスムーズに流れていくようになり
ます。ここでの注意点ですが，必ず「速度の変化」を

「なし」にしてください。一定の速度でスクロールしなければ，子どもたち
は混乱してしまいます。なお，私はスクロール時間をそれぞれ「40秒（レベ
ル１）」「20秒（レベル２）」「12秒（レベル３）」のように設定し，３つのレ
ベルをつくりました。スクロール時間が「40秒」だとかなりゆっくりに感じ
るとは思いますが，まずは全員が達成感を抱けるレベルに設定し，その後
徐々に難しくしていきましょう。このスクロール時間は，先生ご自身で一度
試してみて，クラスの実態に合った最適な時間を設定してください。

2 スクロールゲームをする

　まずは，学級全体でスクロールゲームをします。この時は一番ゆっくりな
「レベル１」から行うようにしてください。ここで大切なのが，速度を「レ
ベル２」「レベル３」と上げていくことによる子どもたちのつまずきです。
特に「レベル３」になると，舌がもつれてうまく英語のフレーズを言えなく
なってきます。ここでさりげなく先生が「I went there by bus .」のよう

に，"went" と "乗り物名" のところで手を叩いて，リズムを意識させます。こうすることで子どもたちはだんだんと強勢の部分を意識してスラスラ言えるようになってきます。また，ALTによるデモンストレーションを入れることで，"went there" の部分が "wen（t）there" のようにくっついて聞こえることに気づく子も出てきます。それらの気づきをすかさず板書し，子どもたちが発音やアクセントを意識できるようにしていきます。

3 グループごとに練習をする

スクロールゲームのKeynoteファイルを子どもたちに配付します。スクールワークやクラスルームが活用できる場合は，それらを活用してKeynoteファイルを子どもたちに送ります。Air Dropでグループの代表者に送るなどでも問題ありません。なお，先述の通り，私は3つ区切りで合計15枚のイラストを並べてつくったので，合計5人のグループで活動をさせましたが，これは学級の実態に応じて変えていただいても問題ありません。

練習が終わったら，教室の前のスクリーンにスクロールゲームを映し，グループごとに練習の成果を発表する時間を設けます。こうすることで，みんなで盛り上がりながらゲーム感覚で英語をアウトプットし，定着させることができるようになります。

プラスα　どの単元でも活用できる

私は，できるだけ語彙習得をさせる際，可能な限り「単語だけ」ではなく「フレーズごと」に練習させるようにしています。今回の活動は，基本的にどの単元でも流用可能ですので，ぜひ試してみてください。

This is my summer vacation!

場面	書くこと・話すこと
英語表現	I went to ～ . I saw/ ate/ bought ～ . I went there by ～ .
ツール	Keynote/ GarageBand

ねらい

　デジタルを活用した絵日記を作成することを通して，意味を認識しながら英語を書くことができるようにする。

なぜICT?

　書くという活動だけであれば，紙やノートを使えばいいのですが，今回は自分たちが書いた英文の意味をきちんと認識させるという意味でICTを活用しました。内容に合わせて自分が持っている画像を挿入したり，イラストを入れたり，それに合う音楽を挿入したりし，最後にそれに合わせて音読をすることで，自分の書いた英語の意味まできちんと理解することができるようになります。

授業の流れ

導入	①絵日記に使える英語表現を確認する。
展開	②イラストや写真を1枚挿入し，日記を書く。◀ICT ③音声を挿入する（GarageBandでBGMを入れてもよい）。◀ICT
まとめ	④全体で作品を共有する。◀ICT

1 Keynote で絵日記のテンプレートをつくっておく

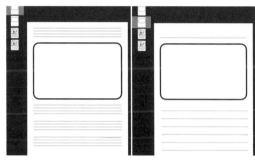

　右の図のように，私は2種類のデジタル絵日記のテンプレートを1つのKeynoteファイルで作成しておきました。左は4本の罫線があるもの，右は基準線のみのものです。これは，子どもたちのレベルに合わせて使い分けられるようにしたもので，英語に慣れている子は，Key Sentences以外のフレーズも使い，よりたくさんの英文を書けるようにしました。なお，①I went to ～（by ～.）②I saw/ ate/ bought ～.の2文がKey Sentencesなので，3行あれば十分に書き切ることができます。また，今回は「写真」か「手描きのイラスト」のどちらかにしたので，大きめの枠はただの白い図形を挿入しただけですが，写真に限定する場合は，右のように「プレースホルダ」（P.97参照）を活用することで，レイアウトを統一することもできます。

2 イラストや写真を挿入し，英文を書く

　iPadには子どもたちの思い出がたくさんつまっています。今回は夏休みの思い出の絵日記を書く活動をしたので，まずは「写真」から自分のお気に入りの写真を挿入したり，手描きでイラストを入れたりします。写真かイラストを選択したら，いよいよ英文を書き始めます。

私は，テンプレートの中に見本とし
て Key Sentences も入れていたの
で，子どもたちはそれを書き写して絵
日記を書きます。もちろん，すでに英
文が書ける子は，例文を見なくても問
題ありません。わからない単語につい
ては，先生に聞いたり，和英辞典を活
用したりして調べます。なお，先述の通
り，テンプレートは 2 種類あるので，子
どもたちに書きやすい方を選択させてあ
げてください。また，罫線は「コピー」
して「ペースト」をすると増やすことも
できるので，子どもたちは罫線が足りな
くなれば，勝手に足していきますよ。

３ 音声を挿入する

　最後に音声を挿入します。Keynote を活用して音声を挿入するのでもい
いですが，私のクラスでは，GarageBand を使って音声を録音し，完成し
た音声ファイルを Keynote に送って挿入しました。書いた内容にぴったり
の BGM をつくり，それに合わせて気持ちを込めて音読をすることで，より
英文の意味を定着させられると考えたからです。

　GarageBand にはたくさんの音源が入っているので，そこから選ぶもよ
し，自分で音楽をつくるもよし…。子どもたちの創造性を刺激することで，
子どもたちはただ楽しいだけでなく，きちんと意味を理解して英語をアウト
プットするようになります。なお，GarageBand を活用して録音する際
は，次ページ右の写真のように Split Over の機能を活用することで，スク
リプトを見ながら音声を録音することが可能です。

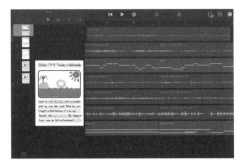

4　「動画」書き出しをし，みんなで作品鑑賞をする

　最後にできあがった Keynote ファイルを「動画」で書き出します。書き出したファイルは，「写真」の共有アルバムに入れ，みんなで共有します。ロイロノートなどの共有アプリを使っても問題ありません。できあがった子たちからどんどん相互鑑賞をしていきます。そうすることで，子どもたち同士がアドバイスをし合うなどの自然な学び合いが生まれます。もちろん，教師もスペルのチェックなどをしてあげてくださいね。

プラスα　英文理解の手助けに

　テンプレートをつくっておけば，子どもたちはそれを使って他の場面でも活用することができます。また，私はその後，冬休み中にもこの絵日記を書く活動を設定しました。ただ書くだけでなく，音声などでも入っているので，共有しておくと，子どもたちは楽しんで友達の作品を見ます。文字情報だけだと理解が難しくても，いろんな要素が入っていることで，それが結果的にその英文の意味を推測する手助けになるのですね。

10 1日の生活の様子を動画にしてみよう！
My Daily Life

場面	話すこと【発表】
英語表現	I always/ often/ usually/ sometimes get up at 〜.
ツール	iMovie（Clips などでも可）

ねらい

自分の1日の生活の様子を表した動画をつくり，その内容を英語で伝えることができるようにする。

なぜ ICT?

1日の生活の様子を伝えるためには，子どもたちの実際の1日の生活の様子を記録した写真や映像が役立ちます。自分の実生活ときちんと結びつけて英語をアウトプットすることで，その英語表現と意味とがきちんと関連づけられ，それが結果として定着へと結びつくのです。

授業の流れ

導入	①英語での時刻の言い方や，今回の動画で使う英語表現を復習する。◀ ICT
展開	②あらかじめ家で撮影しておいた写真や動画を使って自分の1日の生活の様子を動画にする。◀ ICT
まとめ	③全体で作品を共有する。◀ ICT

ICT 活用のポイント

1 この活動をするまでのアクティビティ

【生活実態調査】

　右の写真は，前時の学習になります。"always" "usually" などを使って，学級で生活実態調査をするアクティビティをしました。子どもたちは友達に "How often do you eat breakfast?" のように尋ね，それに対して "I always eat breakfast." など頻度を表す副詞を交えて答えます。それを "always" なら "1"，"often" なら "2" のように Numbers に入力していくことで，学級の実態を調査するというアクティビティです。右上写真のようにあらかじめNumbers で自動的にグラフ化されるワークシートをつくっておくことで，即座に調べたことが視覚化されるため，子どもたちは実態調査を目的にたくさんコミュニケーションをするようになります。

2 1日の生活の様子が伝わる写真や動画をお家で撮影しておく

　この学習は，ICT を「記録ツール」と「発表ツール」として活用します。今回の活動をするためには，あらかじめ授業の前にお家で1日の生活の様子を写真や動画で集めておく必要があります。

　子どもたちの工夫はすでにお家の段階で始まっており，中にはお家の方にも協力いただいて，寝起きなどのリアルな様子を撮影してもらう子もいました。その中でお家の方の "Good morning, ○○." という挨拶に対し，

"Good morning." と返事をするような場面もありました。ただ写真や動画を撮影するだけでなく，その写真に少しイラストを加えて相手により状況が伝わりやすいようにしたり，動画の中で演技をしたり，その中でいろんな英語表現を使ってみたりと，子どもたちは素材集めの段階でたくさん創造性を発揮するのです。

③ iMovie で動画を編集し，英語を録音する

お家で撮影しておいた写真や動画を iMovie に取り込みます。その後，順番を一日の流れに沿って並べ替え，録音をします。子どもによっては，最初に挨拶を入れたり，"I'm going to talk about 'My Daily Life'." と言ったりしている動画を追加したりもします。

ちなみに録音をする際には，自分の声が聞こえるように音量を調整することを伝えてあげてください。元の動画の音声が大きすぎると，後から録音した音が聞こえづらくなる場合があります。

④ 「動画」書き出しをし，みんなで作品鑑賞をする

できあがった作品はみんなで共有するようにします。こうすることで，先にできあがった子は，他の子たちの作品を見て，間違った箇所を訂正してあげるなどのアドバイスをするという役割ができるようになります。

私は基本的に一番英語が苦手である子にフォーカスして授業を考えるようにしていますが，そうすることで英語が得意な子が退屈してしまっては本末転倒です。そういった子にも活躍できる場をぜひ設けてあげるようにしてく

ださい。また，そもそもこう
いったプロジェクトは，英語
が得意な子はどんどんいろん
な表現を追加して，自由に英
語力を伸ばしていくこともで
きます。みんなに同じことを
させるのではなく，それぞれ
の子のレベルに応じて柔軟に
課題を設定することが大切な
のです。

プラスα　時刻の学習には

　私は，時刻の学習をする時には「今何時？」というアプリケーションを活
用しています。これは，算数で時刻を学習するためのアプリケーションで
す。時計が大きく表示され，
下に4つの選択肢が出てきま
す。これを子どもたちに提示
し，子どもたちが元気よく英
語で "It's 5 o'clock." "It's
10:45." のように答えられた
ら，正解の選択肢を押しま
す。10問答えた後にタイムな
ども表示されるので，子ども

たちはとても楽しみながら時刻をアウトプットしますよ。

　無料版でも回数制限はありますが，十分に活用できます。レベルも3段階
に分かれているので，子どもたちの実態に合わせてぜひ活用してみてくださ
いね。

11 瞬間英作文にチャレンジしよう！
組み合わせルーレット

場面	話すこと（即興的に）
英語表現	Dogs can jump high. That's true. / That's not true.
ツール	Keynote

ねらい

ルーレットで提示された2つのイラストを組み合わせて，それに合った英語表現を素早く言うことができるようにする。

なぜICT?

たとえば「主語」と「動詞」や「主語」と「目的語」のように2つの要素をそれぞれランダムに組み合わせてイラストで提示することで，「単語」ではなく「英語のフレーズ」として即興的にアウトプットすることができるようになります。組み合わせは膨大な量になるので，アナログだと準備がとても大変になってしまいますね。準備の効率もICTを活用するかどうかの重要な判断ポイントになります。

授業の流れ

導入	①今回の学習で使う英語表現を全体で確認する。
展開	②全体で瞬間英作文ルーレットを行う。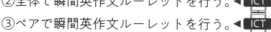 ICT ③ペアで瞬間英作文ルーレットを行う。 ICT
まとめ	④今回の英語表現を復習する。

ICT 活用のポイント

1 瞬間英作文ルーレットをつくっておく

　まずは事前準備として，瞬間英作文ルーレットをつくっておきます。ルーレットのつくり方自体は Chapter3の P.81をご参照ください。今回は下のように，「動物」と動物ができる「行動」をイラストや写真で左右に配置し，間に"can"を入れておきます。この時，左から英語の語順通りの配置にするようにしてください。また，あえてその動物ができない行動のパターン（不自然な組み合わせのもの）もランダムに配置しておきます。

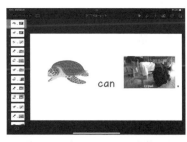

　ちなみに私は，「行動」を表すイラストは，以前に子どもがつくったアニメーション GIF カードのスクショを挿入しました（Chapter4の P.88参照）。ルーレットのGIF が完成したら，それを新しいプレゼン

テーションのスライドに貼り付けて準備完了です。後は，スライドを再生せずに，上図の画面で「再生ボタン」をタップして GIF ルーレットを回します。止めたい時は，GIF をもう一度タップすれば止まります。なお，今回使う英語表現は以下の通りです。

【例】

Turtles can swim. That's true.

Dogs can fly. That's not true. Dogs can't fly.

---

② 全体で瞬間英作文ルーレットをする

　ルーレットを使って，まずは全体で瞬間英作文の練習をします。全体で練習することで，今回活用する英語表現を復習する時間を設けてください。なお，先述の通り，すべての動物とその行動がマッチするわけではありません。マッチしない場合は，"That's not true." と言い，
その後に正しい表現を言うように伝えてあげてください。この場合，表現はどのように訂正しても構いません。たとえば以下のような形です。

【例】

Turtles can run.

→ ① "That's not true"

② *Cats* can run.

③ Turtles *can't* run.

④ Turtles can *crawl*.

　このように，動物を変えても，"can" を "can't" にしても，動詞を変えても問題ありません。もちろん，すべてのペアがきちんとマッチするものでも構いませんが，私はより即興的なやり取りをさせたかったため，あえて不自然な組み合わせのものもルーレットに入れました。また，"fish" や "sheep" のように複数形にしても "s" がつかないような単語も意図的に入れてもよいでしょう。この辺は，学級の実態や，今までの学習の定着度によって先生が難易度を設定してあげてください。

③ ペアで瞬間英作文ルーレットをする

　全体でこの活動に慣れてきたら，次はペアでこの活動を行います。ルーレット自体は「アニメーションGIF」という画像ですので，その画像を子どもたちに配付します。

　配付の仕方は Air Drop でも，スクールワークやクラスルームを活用して配付しても特に問題はありません。ここは学校の ICT 環境に合わせて配付してあげてください。その後，各自でKeynote を立ち上げ，新しいプレゼンテーションに貼り付けて活用することも伝えてあげてください。

　ペアでのやり方は，以下の通りです。まず1人目がルーレットを回して，前半の "Dogs can fly." の部分を言います。次に2人目が "That's not true. Birds can fly." の部分を言います。これで1ターンです。次は2人目がルーレットを回して前半部分を言い，1人目が後半部分を言います。これを何度も繰り返すだけです。

　この活動にだんだん慣れてきたら，ストップウォッチなどを活用し，「10ターンを何秒でできるか」のようなゲーム要素を追加することで，より楽しく英語をアウトプットするようになります。

プラスα　即興的に話す

　あらかじめ準備した英語を暗記して話しても，それは本当の意味で「話す力」ではありません。暗記力ではなく，自分で考えて英語を表出することが大切です。そして，それを繰り返して練習することで，自然に言葉が出てくる，本当の意味での「話す力」につながるのです。

アルファベットの模様を変えてみよう！

What's this? What are these?

場面	語彙習得（どの単元でも）
英語表現	What's this? This is a ～ . What are these? These are ～ .
ツール	Keynote

ねらい

提示されたアルファベットの音や数から何の単語かを予想することができるようにする。

なぜICT?

ICT を活用し，アルファベットそのものの名前や数を変化させて提示することで，アルファベットの音と単語とを結びつけるという活動です。ICT を活用することで，文字を簡単に加工したり増やしたりするなど，いろいろな提示の仕方ができて，とても便利ですね。

授業の流れ

導入	①今回の単元の Key Words を確認する。◀ ICT
展開	②単語当てクイズをする。◀ ICT ③自分たちでも単語クイズをつくる。◀ ICT
まとめ	④できあがった子たちからクイズを出し合う。◀ ICT

ICT 活用のポイント

1 アルファベットクイズを事前につくっておく

　授業を始める前に，まずは Keynote でアルフ
ァベットクイズを作成しておきます。クイズは右
のように３つで１つのセットにします。真ん中の
ように，アルファベットの模様を変える方法は以
下の通りです。

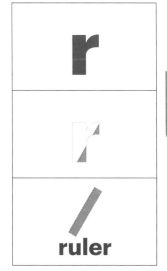

① Keynote のスライドにアルファベットを１文
　字テキストで入力する。
②文字をタップした状態で上にある「ブラシ」マ
　ークをタップする。
③「テキストのカラー」から「イメージ」を選択
　し，そのアルファベットが頭文字の単語の画像
　を挿入して，サイズを整える。
④最後に，「…」マークをタップし，文字の「アウトライン」をつける（こ
　れをしないと，文字の枠線がなくなってしまいます）。

　なお，今回の単元では，「単数形」と「複数形」を意識できるようにする
ため，いくつかの単語については "cards" や "crayons" のように「複数
形」で表したものを設定しておきます。もちろん，様々な例外もあると思い
ますが，今回は「単数形」「複数形」の導入部分ですので，割とわかりやす
い表現に限定し，アルファベットの数を複数にしました。
※ちなみに，場合によっては，「文字のみ」「そのものを表す色」「そのもの
　の画像」「正解」のようにさらにヒントを追加し，４つで１つのセットに

Chapter4

学びが深まる！ 小学校英語×ICTの授業アイデア　５・６年生編

することもあります。「果物」や「野菜」などの語彙の場合は，「色情報」を２つ目に入れると，子どもたちはより発表しやすくなります。

CCCCC	CCCC	ccccc	crayons

2 アルファベットクイズをする

私はこの学習を，オンライン授業の際に行いました。

Keynote ファイルを画面共有することで，子どもたちに簡単にクイズを提示することができます。まずは子どもたちに "What's this?" と質問し，そ

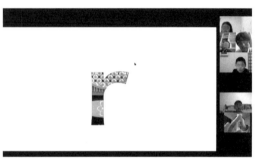

の後に１枚目の「アルファベットのみ」のスライドを提示します。すると子どもたちは "Is this a robot?" のようにそのアルファベットの音から推測して答えます。Key Words の中には，明らかにそのアルファベットに該当するものが１つしかない場合もありますが，それでも問題ありません。子どもにとってはクイズで正解を導き出すことが目的ですが，教師側の意図は，そのアルファベットの音をきちんと子どもが認識し，それをヒントに単語を考えることだからです。

このように最初は割と全員が正解できそうなものを提示します。また，もし仮に子どもから正解が出てきそうにない場合は，そのアルファベットの音をきちんと子どもたちに伝えてあげてください。

数問「単数形」の単語の問題を出題した後で，次に複数形の単語を提示します。この時に，先生はあえて質問をしません。子どもたちに「あれ？　な

んでたくさん同じアルファベ
ットがあるのだろう？」と疑
問を抱かせます。しばらくす
ると"These are 〜."と答
える子が出てきます（既に前
時の段階でこの表現は学習し
ています）。すると教師はす
かさずその言葉を拾い，褒めてあげてください。

　その後"What are these?"と改めて質問することで，「単数形」と「複
数形」を明確に意識してクイズができるようになります。

3　子どもたち自身でクイズをつくる

　もしこのアクティビティに慣れている子どもたちであれば，今度は子ども
たちにもクイズをつくらせてあげてください。自分自身でクイズをつくるこ
とは，文字と音の認識を結びつけるとてもよい機会になります。発音するだ
けだとなかなかスペルは出てきませんが，実際にクイズをつくることで，子
どもたちは最初のアルファベットの文字と音をしっかりと認識し，さらにそ
れを特定の英単語のスペルと結びつけることができるようになるのです。

プラスα　45分の枠にとらわれず，好きな時間にできる

　こういったクイズや，先述の GIF カード（Chapter4．P.88）ですが，休
み時間やお家でもたくさんつくるようになります。夏休みなどの長期休暇の
際にも，共有アルバムにたくさんの GIF カードやクイズが送られてきます。
ICT を活用することで，子どもたちは授業時間にとらわれず，好きな時に，
自ら学ぼうとするのです。つくっている子も，その作品を見る子も，楽しみ
ながら語彙の定着を図ることができるなんて，素敵ですね。

13 的確に相手に伝えよう！
バーチャル道案内

場面	話すこと【やり取り】
英語表現	Go straight. Turn right. など
ツール	Zoom/ Keynote（ライブビデオ機能）

ねらい

道案内の英語を使って的確に目的地までの道のりを相手に伝えることができるようにする。

なぜICT?

Zoom を活用することで，離れた場所の相手にもお話をすることができます。また，コミュニケーション手段を限定することにより，より「言葉」を意識し，相手に的確に英語で伝えようとする意識が芽生えます。

授業の流れ

導入	①宝物を教室の外に隠し，そのありかまでの道のりを英語で練習する。
展開	② ALT の先生に Zoom で宝物のありかまでの道のりを英語で伝える。◀ ICT ③別のグループの発表を聞きながら，宝物のありかを推測する。◀ ICT
まとめ	④自分たちが使った英語表現を共有したり，道案内をする際に活用できる英語表現を復習したりする。

1 宝物を教室の外に隠す

　まずは，宝物を教室の外に隠します。ここは当然アナログな活動です。友達とコミュニケーションをしながら，教室内にあるスタート地点から，宝物を隠した場所までの道のりを綿密に打ち合わせするように伝えてください。ALTには音声のみで伝えるので，子どもたちは "Go straight for 5 blocks and turn right at the corner." など，グループで宝物までの道のりを英語で何度も練習します。

2 Zoom で宝物のありかまでの道のりを伝える

　ここからが，メインの活動になります。Zoom を活用して，宝物までの道のりを英語で ALT に伝えます。ここで私は Keynote のライブビデオ機能を活用し，ALT の目線の映像（iPad のアウトカメラ）と，ALT の表情を映す映像（iPad のインカメラ）の 2 つを同時に映し出せるように工夫しました。やり方は以下の通りです。

【ライブビデオ機能】

　Keynote には，プレゼン中のプレゼンターの映像をスライド内に映し出す「ライブビデオ」という機能があります。このライブビデオは，設定により，iPad のインカメラとアウトカメラの両方を 1 つのスライド内で表示す

ることができます。たとえ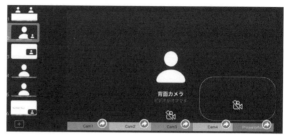
ば，オンラインなどでプレ
ゼンテーションをする際，
このライブビデオ機能を活
用することで，プレゼンタ
ーの表情を映しながらプレ
ゼンをすることができるようになります。

　また，この機能を応用してスイッチャーのような使い方もできるようにな
ります。上の画像のように，「アウトカメラ＋インカメラ」「アウトカメラの
み」「インカメラ＋プレゼン」のようなライブビデオ入りのスライドパター
ンをいくつかつくっておき，リンクを貼ることで，スイッチャーのような使
い方ができるようになります。今回はこの中の「アウトカメラ＋インカメラ
（ワイプ）」のパターンを活用した実践を紹介します。

【道案内の方法】

　道案内は Zoom を
活用して行います。こ
の 時，ATL が 持 つ
iPad で Keynote を
表示し，ALT の視線
（アウトカメラ）と
ALT の表情（インカ
メラ）の両方をライブ
ビデオで映した状態にしておきます。あとは，この画面を共有することで準
備は完了です。

　子どもたちは自分たちが隠したカードの場所へと ALT を導くため，英語
で誘導を始めます。しかし，ここで大切なことは，ALT は子どもたちの指
示通りにしか動かないということです。表現を間違えた場合は，その間違え

た表現通りに動きます。コマンド
やシーケンスにバグがあれば，そ
の通りにしか動かないという点
で，プログラミングのようです
ね。

とはいえこれは英語の学習。言
語活動です。インカメラで常に
ALT の表情がわかるため，子ど
もたちはその ALT の表情を確認
しながら，何度も自分たちの英語
表現を見直します。ALT が困っ
た顔をしたり，ALT が自分たち
の意図しない動きをしたりした時
は，子どもたちは別の英語表現を
がんばって考えます。ALT に伝

わるように，子どもたちはグループで協力しながら，どんどん英語表現を修
正したり，付け加えたり，別の表現に変えたりするのです。

プラス α　限定的なコミュニケーション

　直接道案内するのもいいですが，どうしても指をさしたり，ジェスチャー
をしたりと，ノンバーバルコミュニケーションに頼ってしまいます。それも
コミュニケーションの手段としてはいいのですが，「あえて」このような形
で道案内をすることで，コミュニケーションの手段が少なくなり，ノンバー
バルコミュニケーションに頼りすぎず，純粋に英語という「言葉」だけを使
って相手に伝える必要性が生まれるのです。もっと限定的にするには，純粋
に音声通話のみを活用するというのも１つの手ですよ。

14 アニメーションをつくろう！
Why are you wearing a T-shirt and shorts?

場面	話すこと【発表】
英語表現	I'm ~ ing ○○ so I'm wearing a ~ .（他単元にも流用可）
ツール	Keynote/ Rabbits - えいごで言ってみよう！

ねらい

　アニメーションづくりを通して，その場面や状況を英語で伝えることができるようにする。

なぜICT?

　アニメーションをつくることで，その場面や状況を再現することができます。英語をアウトプットする際，その場面や状況が明確であったり，実感が伴っていたりすればするほど，その表現がより定着しやすくなります。ICTを活用してアニメーションづくりをすることで，なかなかその場では実現できそうにない状況も簡単につくり出すことができます。

授業の流れ

導入	①アニメーションで使えそうな英語表現を考え，全体で共有する。
展開	②自分のキャラクターを Keynote で作成する。◀ ICT ③Keynote を活用してアニメーションを作成する。◀ ICT
まとめ	④みんなで鑑賞会をする。◀ ICT

ICT活用のポイント

1 Keynoteで自分のキャラクターをつくる

　まずは顔写真を撮影し，それと「いらすとや」などのフリー画像などを組み合わせて，自分のキャラクターをつくります。私は，自分で制作した「Rabbits-えいごで言ってみよう！」というアプリケーションの「服装」の単元を使い，自分で好きな服装をつくってからそれをスクリーンショットし，それを自分の顔と組み合わせてキャラクターをつくるように子どもたちに伝えました。このあたりは学級の実態に応じて，やりやすい方法を設定してください。

　なお，Keynoteの「インスタントアルファ」という機能を活用し，服以外の余分な背景は透過してから顔写真と組み合わせることをおすすめします。また，顔と服装を「グループ化」することで，1枚の画像として扱うことができるようになるため，その方法を子どもたちが知らない場合は伝えてあげてください。

インスタントアルファ

2 アニメーションを作成する

　アニメーションを作成するために，まずは子どもたちでストーリーを考える必要があります。たとえば以下のような形です。

It's sunny today. I'm playing soccer with my friends, so I'm wearing a T-shirt, shorts and sneakers. It is very fun.

　このようなストーリーに沿って，アニメーションを作成します。今回はとりわけ自由度の高い「モーションパス」というアニメーションを使います。これは，指でなぞった通りにオブジェクト（今回は，自分のキャラクター画像）が動くというアニメーションです。やり方は以下の通りです。

「アニメーション」→「アクションを追加」→「パスを作成」→自分が動かしたいように指でなぞる

　このアニメーションづくりですが，きちんと自分の考えたストーリーや英単語の意味に合わせて，動きや速度などを考える必要があります。そこに思考を伴わせることで，活動に意味をもたせることが大切です。

3 ストーリーを録音する

　アニメーションができたら，いよいよ録音です。学級の実態に応じて，先

にストーリーの録音をしても構いません。

　ちなみに私は動きに合わせて気持ちを込めて英語を読むことができるようにしようと思ったため，この順序にしました。

　録音が終了したら，アニメーションと音声を同時に再生するため，音声をタップし，「アニメーション」から「オーディオを開始」を選択した後，「開始」を「ビルド１と同時」に設定します。ちなみに「ビルド１」とは，子どもたちが設定した「モーションパス」を使ったアニメーションのことです。先に録音からした場合は，ビルドが逆になっているので，注意してください。できあがったら，「動画」で書き出しをして，みんなで共有をします。

プラスα　デジタル絵本づくり

　Keynote のアニメーションを活用すれば，デジタル絵本なども簡単につくることができます。アレンジ次第で，子どもたちの創造性をフルに発揮させることができるようになります。

15

家庭学習と教室をつなげよう！

Where do you want to go?

場面	話すこと【発表（スピーチ・会話形式）】
英語表現	I want to go to/ see/ eat/ buy ～ . など
ツール	Keynote/ スクールワーク / 共有アルバムなど

ねらい

自分たちの行きたい国やその理由を，英語での発表や友達との会話を通して伝えることができるようにする。

なぜICT?

ICT を活用することのメリットの１つに，45分間という授業の枠や教室という学びの場の制限などを取り払うことができるということがあります。プレゼンテーションのファイルをグループごとに共有しておくことで，子どもたちはお家ではプレゼンなどの準備を進め，学校では純粋に英語を話す練習に専念することができます。

授業の流れ

導入	①今回使う英語表現を全体で確認する。
展開	②発表する内容を考える。 ③プレゼンテーションで使うスライドをつくる。◀ ICT
まとめ	④プレゼンテーションの練習をする。◀ ICT

ICT 活用のポイント

1 行ってみたい国プレゼンテーションをつくる

　行ってみたい国のプレゼンテーションづくり。そこには当然「調べ学習」の要素なども含まれてきます。しかし，それを45分という限られた時間の中で行い，限られた時数の中で発表の練習をするのはなかなか厳しい面もあります。そこで私が受けもっている子たちはよく「先生，プレゼンを共有してください！」と私に言ってきます。これはつまり，Keynote のプレゼンテーションをグループの子たちで共有し，共同制作（共同で１つのファイルを編集）できるようにするということです。

　プレゼンテーションの共同制作は，Keynote 内からでも設定できますが，スクールワークが使える環境であれば，それで簡単に，グループごとに共同制作を設定することができます。この際，「共有オプション」から「生徒が同じファイルで共同制作します」にチェックを入れるようにしてください。

2 発表する内容を考える

　子どもたちは下記のような表現を使って，まずは話す内容を考えます。

【英語表現】
Where do you want to go? I want to go to ○○ . Why（do you want to go there）? Because I want to see/ eat/ buy ○○ . You can see/ eat/ buy ○○ . Oh, It's a very nice country! Let's go to ～． 　など

　グループによって，一人ひとりが発表する形式にしたり，会話形式にしたりと自由です。このあたりは子どもたちに委ねてあげてください。この段階では，話す内容のメモなどは紙にする子も多くいました。ちなみに，グループは前時で行ったインタビュー活動をもとに決定しました。"Where do you want to go?"と，たくさんの子に尋ね，その中で自分と同じ国に行きたいといった子たちでグルーピングしました。

3 プレゼンテーションをつくる

　今回はプレゼンテーションで使うスライドを共同制作します。共同制作のメリットは，45分という授業時間や，教室という学びの場，学級内にいる友達といったあらゆる制限を取り除くことができることにあります。たとえば右の写真は，登校している子とお家で学習をしている子が Zoom で会話をしながら，1つのプレゼンテーションファイルを共同で編集しているところです。ただ Zoom で

打ち合わせをするだけでなく，教室からでもお家からでも，グループ全員が把握しながらプレゼンテーションの編集をすることができるのです。

　また，もう1つのメリットは，授業内で英語をアウトプットする時間が増えるということです。子どもたちは「ここは，家で編集しておくね！」のようにお互いに伝え合い，分担をササッと決め，それぞれが伝える箇所のスライドの準備は家で行い，その分みんなでいる時間帯に英語のセリフを考えたり，英語で発表する練習をしたりするのです。つまり，「個人でもできること」と「全員でないとできないこと」の区別がだんだんとできるようになり，自ら「今やるべきこと」を考えることができるようになるということです。そうなることで，教室では友達同士でのコミュニケーションが結果的に増えるようになるのです。

　なお，プレゼン本番は，右の写真のように欠席した子もiPadの画面から参加しました。共同制作をすることで，お家からでも学校にいる子と協働的に学びを進められるというのは，とても大きなことですね。

プラスα　クロマキー合成の活用

　もし，全員が学校に登校している場合は，Chapter4（P.160）で紹介する，クロマキー合成を活用した「世界PR動画」づくりをしてもよいでしょう。バーチャル世界旅行で実際にその国に行って，多くの魅力を語ることができますよ！

16 自宅でデジタルファッションショー

自分のお気に入りの服を紹介しよう！

場面	話すこと【発表】
英語表現	I'm wearing 〜 , 〜 and 〜 .　服装・色・模様などの語彙
ツール	カメラ

ねらい

　動画撮影を通して自分の英語表現を確認し，着ている服を英語で紹介することができるようにする。

なぜICT?

　子どもたちが本当に伝えたいものは，教室の外にもたくさんあります。今回は，自分が一番お気に入りだと思っている服の紹介。そういった，家にあるものでも，ICTを記録ツールとして使えば問題なし。子どもたちが本当に伝えたいものを簡単に教室に持ち込むことができます。なお，私はこの活動はオンラインでの学習の際に行いました。

授業の流れ

導入	①教師によるデモンストレーション動画を見る。◀ ICT ②英語表現を改めて確認する。◀ ICT
展開	③各自動画撮影を行う。◀ ICT
まとめ	④みんなで鑑賞会をする。◀ ICT

ICT 活用のポイント

1 教師によるデモンストレーション動画を見る

まずはあらかじめ教師がデモンス
トレーション動画を作成しておきま
す。動画は，広い教室で奥から手前
に歩いてきてポーズを決め，その後
英語で自分のファッションを紹介す
るというものです。

> 【例】 Hi. I'm wearing a striped shirt, navy pants, and a nice watch.

もし可能であれば，右の写
真のようにたくさんの先生に
参加してもらうとよいでしょ
う。その方がいろんな服やア
クセサリーの言い方を知るこ
とができます。さらに，数回
繰り返し聞くことで，たとえ

ば途中までは "and" と言わず，最後にしか言っていないことなど，文法的
な気づきを促すこともできます。

2 英語表現をもう一度確認する

デモンストレーションを見た後に，もう一度英語表現を確認します。これ
までの学習で "a T-shirts" "glasses" のように単数系や複数形について

は既に知っていた子どもたちですが，動画を撮影する前にもう一度子どもたちの「気づき」を「言葉」として出させることで，きちんと定着させてから動画撮影に入ります。学級の実態に応じて，ここでもう一度

フラッシュカードなどを用いていろんな服やアクセサリーに関する単語に慣れ親しんでもよいでしょう。ただ私はこの時も，"I'm wearing a 〜." のように，必ずフレーズを使って練習するようにしています。

3 動画を撮影する

　英語表現の確認が終わったら，いよいよ動画の撮影です。デモンストレーション動画を見ている子たちは，ファッションショーのイメージができているため，すぐに撮影を開始することができます。今回はオンライン学習中にこの活動を行ったので，子どもたちは早速お気に入りの服に着替え，撮影をスタート。できあがった動画は共有アルバムやロイロノート・スクールなどに送ってもらい，みんなで共有します。

　ちなみにこの学習ですが，夏休みなどの長期休暇中のプロジェクトなどにするのもよいと思います。ICT を活用することで，45分という授業時間の枠にとらわれない，柔軟な授業形態を実現することができます。

プラスα　ストーリーづくり

　ちなみに，普段英語の学習で行っているルーティンワークの中で，私は「ストーリーづくり」というのを行っています。右の写真はパブリックドメインの写真ですが，こういった画像を提示し，子どもたちは自由に既習表現を使って英文をつくります。

　たとえばこの写真であれば，

It is in the morning.
He is running.
It is very hot today, so he is wearing a T-shirt and shorts.
He is tired.
He is thirsty, so he wants to drink water.

…などのように，口々に英語を言います。服装の単元が終了すると，上記のような英文も出てきます。もちろん，"so"のような表現はなかなか出てきませんが，子どもたちが口々に言う英語表現をこちらが意図的につないであげることで，まとまった英文を言えるようになってきます。何かを覚えて英語を話すのではなく，その場の状況からなんとか英語で伝えようとする子どもたちを少し教師が支えてあげる形になります。中にはとてもユニークなストーリーをつくる子も出てきますよ。このように即興的に英語を言う活動をすることで，子どもたちの「言ってみたい」が刺激され，効果的に英語表現が身に付いていくのです。

17

伝える「手段」から考えよう！
"Food-1 Grand Prix" -This is my original dish.

場面	話すこと【発表】
英語表現	This is 〜 . There is/ are 〜 (in it). It's delicious. など
ツール	iMovie, Keynote など，活用するツールを子どもが考える

ねらい

自分のオリジナル料理を伝える手段を考え，英語で紹介することができるようにする。

なぜICT?

自分のオリジナルの料理。それをより美味しそうに相手に伝えることが今回の目的です。ICT を活用することで，その伝え方（手段）が格段に増えることは，今までもお伝えしてきました。今回は，子どもたちが目的達成のために，自分たちでどういった伝え方をするかも含めて考えます。普段からICT を使ってきた子どもたちであれば，きっと根拠をもってその手段を選択し，オリジナル料理の美味しさを伝えられるはずです。

授業の流れ

導入	①料理を紹介するための英語表現を確認する。
展開	②自分なりの方法でオリジナル料理の美味しさを伝える。◀
まとめ	③できあがった作品をみんなで共有する。◀

1 "Food-1 Grand Prix" の開催を事前に伝えておく

　いろんな食材を使って，自分だけのオリジナル料理を考え，それを ALT に英語で PR するという目標のもと，この単元がスタートしました。ちなみに，伝える相手については，学校の実態に応じてください。私とともに授業をしている ALT は，料理の腕前が素晴らしく，よく手料理を子どもたちに紹介していたので，このような活動を設定しました。もちろん，最終的に ALT は，「全員のものが美味しそう！」と判断するということを前提に，あえて「グランプリ」形式にしたことで，子どもたちのやる気は一気にアップしました。単元開始時から，すでに子どもたちは「実際につくってもいいの？」「家での食レポの映像を使ってもいい？」のように，様々な手段を考え出します。もちろん，イラストで紹介するなどでも構いません。学習する英語表現さえ使っていれば，後はどのような素材を用いても，どんな手段で伝えても問題ないということを子どもたちに伝えます。つまり，表現方法については子どもたちの創造力にすべてを委ねるということです。

2 オリジナル料理について紹介する英語表現を確認する

　今回の学習で使う英語表現は以下の通りです。

> This is 〇〇 .（オリジナル料理の名前）
> There is some apple, potato and banana（in it）.
> There are some beans.
> It's delicious. など

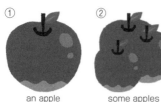
① an apple

② some apples

③ (some) apple/ some slices of apple

some apple

※りんごなど，丸ごと入っている場合は an apple や two apples のように
なりますが，カットしていたり，すりつぶして入れたりするなど原型を
とどめていないりんごの場合は "（some）apple" になります。学級の実
態に応じ，"some slices of apple（③の左）" などの表現を使っても問
題ありません。

① "I want an apple." ② "I want some apples." ③ "I want some
apple.（左は I want some slices of apple. でも可）" はどれも正しい表
現ですがそういった，微妙なニュアンスの違いは，今回の活動のように実際
に自分が料理をしたり，何かメニューを考案したりといった経験によって理
解が進みます。小学生ですので，やはりパッと見て，すぐに英語表現が出る
ようにしてあげたいですね。

③ 自分なりの方法でオリジナル料理の美味しさを伝える

　2で基本的な英文を確認しましたが，それらをどのタイミングで使うかは
自由です。というのも，今回子どもたちは自分のオリジナル料理をアピール
するために，伝え方の手段から考えるからです。たとえば，実際にお家で料
理をする場面から動画で撮影していた子は，オリジナル料理名だけでなく，
一つひとつの食材も "This is ～" で紹介したり，それぞれの工程を "cut"
"slice" "chop" "fry" などいろいろな動詞を使って紹介したりしていまし
た。また，食レポをする子は，"Let's eat!" "It's yummy!!" といった表現
も使っていました。事前にお家で英語を話しながら撮影した動画を，iMovie

を活用してつなげたり，さらにそこに英語で補足説明を録音したりする子は
たくさんいましたが，こういった子たちは実際に料理をしながら新しい表現
を使って話していたので，経験を通してニュアンスを理解しながら定着させ
ることができていました。さらに，写真素材をたくさん集めておいて，
Keynote でスライドをつくり，プレゼンテーションで伝える子もいました。
この子たちは，目の前にいる人に直接的に訴えかけた方が，美味しさがより
伝わると感じていたようです。他にも，目の前に友達を数人呼び，"Do you
want to eat it?""Yes, I
do!!"のようなやり取りをし
ている様子を動画で撮影する
子もいました。右の写真は，
それぞれ子どもたちがいろん
な手段で自分が考えた料理を
紹介している様子です。

4 全体で共有する

　最終的には映像などを共有し，クラスのみんながつくった料理がどんなも
のかを楽しみながら試聴しました。ALT の先生は，どれも美味しそうで，
困った表情をしていました（笑）。

プラスα　「手段」から考えさせる活動の設定

　ICT 活用に限ったことではないかもしれませんが，最終的には子ども自ら
が根拠をもって「伝える手段」を選択し，自分の考えを的確に相手に伝える
ことが大切であると考えます。特に高学年であれば今回の事例のように，
「伝える手段」から考えるプロジェクトをぜひ設定してあげてください。

18 学校のプロモーションビデオをつくろう！
This is Our School.

場面	話すこと【発表】【やり取り】
英語表現	This is our school. Here is 〜 . You can 〜 in this room. など
ツール	iMovie

ねらい

自分の学校のお気に入りの場所を伝える動画を撮影し，英語で紹介することができるようにする。

なぜICT?

自分のお気に入りの場所は，子どもによって違います。ICT を記録ツールとして使い，教室の外にあるものを簡単に紹介することができます。ALTの先生への学校紹介や私立の学校によっては広報のためのプロモーションビデオの作成など，学校や学級に応じた課題設定や場設定をすることによって，子どものビデオ作成のアプローチの仕方が大きく変わってきますよ。

授業の流れ

導入	①プロモーションビデオの中で使えそうな英語表現をみんなで共有する。
展開	②プロモーションビデオの撮影をする。◀ ICT
まとめ	③できあがったグループからビデオを共有し，アドバイスなどを出し合いながらよりよいものにしていく。◀ ICT

✔ ICT 活用のポイント

1 プロモーション動画で使えそうな表現をみんなで考える

　まずは，プロモーション動画で使えそうな表現をみんなで考えます。おおよそ子どもたちからは以下のような表現が出てきます。

【例】

This/Here is our library.

You can read many books.

We sometimes study social studies in this room.

My favorite book is ～.（I like ～.）

　もちろん，これらの表現以外にも，挨拶などの表現が入ってきたり，撮影の仕方によっては，"Please come in." という表現を使いながら部屋の中に入っていく映像を撮影したり，"There is/ are ～." などの表現を使って，そこにあるものを紹介したりと，子どもたちはいろいろな英語表現を使います。

2 プロモーション動画の撮影を行う

　今回の目的は，「私たちの学校に来てみたい」と思える動画づくり。私の学校では，外国の方向けの広報動画を作成しましたが，もちろん学校や学級の実態に応じて「ALTに学校紹介をする」などの課題を設定しても問題ありません。ここの課題に沿った形で，子どもたちに自

由に動画を作成させます。ここで大切なことが「自由に」という点です。しかし，これは，子どもたちがきちんと目的意識をもっているということと，子どもたちが今までに ICT を様々な場面で活用してきて，その手段を自分で「選択できる」というレベルに達していることが重要です。

　もちろんこの点においても学級や学校の実態に応じて，ある程度の手段を伝えても構いませんが，ここはあえて，子どもたちに委ねてみるのもありだと思います。すべての手段を教えてしまうと，結果として子どもたちはその手段の枠から飛び出した創造性を発揮することが難しくなってしまいます。

③　プロモーション動画を編集する

　ここは，グループによって編集内容が異なってきます。セリフを話しながら動画を撮影したグループは，ここでの編集はただ動画をつなげたり，余分な部分をカットしたりするだけです。また，写真や映像を撮影しておき，後からそれにあった音声を入れるグループもあります。そういった場合はむしろこちらに費やす時間が長くなることでしょう。中には，スライドをつくり，プレゼンテーションをしている動画を1回で撮影しきるグループもあります。こういったグループは，そもそも編集の時間は必要ありません。子どもが英語をアウトプットしている場面が最も長く時間がかかりますので，2と3で明確に区切ることは，子どもたちの自由度を制限してしまうことになり，逆効果となります。先生はたとえば「クラスルーム」などの支援アプリを活用して子どもたちが今どんな活動をしているのかを把握したり，実際に子どもたちの撮影の現場まで行き，適宜アドバイスなどをしたりしてあげてください。

④　子どもたちのつくった作品例

　ここで，子どもたちがつくった映像のパターンを紹介します。

❶理科室グループの子たちは，自分たちが実験をしている様子を動画で撮影し，その様子に iMovie を活用して英語を録音しました。

❷和室グループは，実際にお話をしたり，お茶を点てるなどのデモンストレーションをしたりしながら，お部屋の中を紹介して回る動画を撮影しました。

❸グラウンドグループは，グラウンドの様子を写真に撮影し，普段どんな遊びをしているかなども含めてプレゼンテーションをしている様子を動画にしました。

　他にも子どもたちはその部屋の魅力がより伝わるように，試行錯誤しながら様々なパターンでプロモーションビデオを作成しました。目的は共通でも，相手にわかりやすく伝えるために，子どもたち自身がその手段を考え，友達とコミュニケーションを図りながら，創造性あふれるプロモーション動画を撮影することができました。

プラスα 「質」よりも手段の「意味」を追求させる

　目的意識と，その手段の「意味」を子どもたちがきちんと理解することで，「声を大きくしなさい！」「ジェスチャーもつけて！」のような「質」ばかり追求する指導をする必要はなくなりますよ。

19

6年間の思い出を動画にまとめよう！

My Best Memory

場面	話すこと【発表】【やり取り】
英語表現	My best memory is 〜. I went to 〜. I want to join 〜. など
ツール	iMovie

ねらい

　小学校6年間の思い出を動画にまとめる活動を通して，自分の思いを英語で伝えることができるようにする。

なぜICT?

　1人1台タブレットがある環境。きっと子どもたちのデバイスには，今までの思い出の写真や動画が詰まっているのではないでしょうか。そういった今までに記録してきた写真を使って，最後に友達と思い出の動画づくり。ICTを使うことで，今までの記録を使うことができるだけでなく，一生思い出に残る映像作品をつくることもできるのです。

授業の流れ

導入	①思い出の動画や写真を選択し，「思い出動画」で使えそうな表現を確認する。◀ICT
展開	②グリーンカーテンの前で動画を撮影する。◀ICT ③動画を iMovie で編集する（クロマキー合成）。◀ICT
まとめ	④みんなで鑑賞会をする。◀ICT

✓ ICT 活用のポイント

1 自分のデバイスから，思い出の写真や動画を選ぶ

　今回は「クロマキー合成」を活用した実践になります。卒業間近の子どもたちの思い出に残るように，自分たちで写真を提示しながら思い出を語り合う映像作品をつくるという活動です。プレゼンテーションだと，その場で目の前の子たちに思い出を伝えることはできますが，今回の目的は思い出づくり。友達同士思い出を語るその姿も一緒に映像に残すことに価値があります。そこでまずは，自分のデバイスから，6年間で最も印象に残っている写真や映像を選びます。その後，その写真で何を語りたいかを考えます。1人ずつ発表する形でも，友達同士で質問し合う形でも構いません。6年生の最終段階ですので，子どもたちに好きな形式で発表させてあげてください。

> 【例】My best memory is 〜.
> I went to 〜. It was 〜.
> I enjoyed shopping with 〜.
> This is a picture of 〜.　　…など

2 グリーンカーテンの前で動画を撮影する

　話す内容が決まれば，いよいよ動画撮影です。動画は必ず緑色の背景で撮影してください。グリーンカーテンがない場合は，壁に色画用紙を貼るなどしても問題ありません。

　ここで大切なことは，子どもたちが納得するまで撮影をさせてあげるということです。何度もこだわって繰り返し英語をアウトプットすることで，それが表現の定着にもつながります。また，「最後の思い出づくり」が目的で

す。子どもたちはきっと最高の映像作品にした
いと思っていることでしょう。そういった気持
ちを大切にしてあげることで，おのずと子ども
たちの表現力は高まっていきますよ。

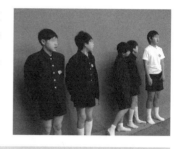

3　iMovie で編集をする

クロマキー合成のやり方は以下の通りです。

①合成に使う背景の画像をタイムラインに挿入
　する。
②グリーンカーテンの前で撮影した動画を選択
　し「…」をタップする。
③「グリーン / ブルースクリーン」を選択し，
　タイムラインに挿入する。
※うまく挿入されると，背景画像の上段にグリ
　ーンカーテンの前で撮影した動画が挿入され
　ます。

4 みんなで鑑賞会を行う

　できあがったら，最後はみんなで鑑賞会を行います。それぞれどんなことが一番印象に残っているのか，たっぷりと友達の英語を聞く時間を設けてあげてください。

プラスα　いろんな場面で使えるクロマキー合成

　クロマキー合成を使うと，子どもたちはあたかもその場所に行ったかのような映像を簡単につくることができます。テレビCMをつくったり，物語の中の世界に飛び込んだりと，いろんな場面で活用することが

できます。ICTを活用しなければできない創造的な体験を通し，子どもたちのコミュニケーションをより豊かなものにしてあげてください。

Chapter4
学びが深まる！小学校英語×ICTの授業アイデア　5・6年生編

20 小さい頃の自分と今の自分を比較してみよう！
Growing Up

場面	話すこと【発表】
英語表現	(When I was little,) I was 〜 . I am 〜 now. など
ツール	iMovie/ Clips/ Avatarify: AI Face Animator など，子どもが考える

ねらい

　小さかった頃の自分の様子と，今の成長した自分の様子を英語で紹介することができるようにする。

なぜICT?

　小さかった頃の自分を言葉で紹介することはできますが，当時の写真などを示してお話しした方が当然より相手に伝わりやすくなります。子どもたちは，今までのICTの活用経験を活かし，工夫して様々な形式で発表をするので，聞き手も英語の意味を推測しながら楽しく友達の英語を聞くことができるようになります。

授業の流れ

導入	①今回使う英語表現を全体で確認する。
展開	②小さかった頃の自分と今の自分とを比べて，自己紹介動画をつくる。◀ ICT
まとめ	③できあがった作品をみんなで共有する。◀ ICT

ICT 活用のポイント

1 今回のプロジェクトで活用する素材をあらかじめ準備しておく

　小さい頃の自分と今の自分を紹介するという今回のプロジェクト。「小さい頃は○○だったけど，今はこんなに成長したよ！」「昔は○○だったけど，今はもっと○○だよ」のように，昔と今を比較して英語で伝えます。

　そこでまずは素材集め。自分の iPad だけでなく，お家の方々のスマートフォンには，子どもたちが小さかった頃の写真がたくさん残っているのではないでしょうか。もちろん，印刷された写真でも構いませんし，動画があっても構いません。自分の思い出と照らし合わせ，特に伝えたいものを授業までに集めておく必要があります。もし仮に小さい頃の写真がなかった場合，これからの時代，1 年生から 1 人 1 台デバイスが活用できるわけですから，昔自分が撮影した思い出の写真などを使っても構いません。それぞれの子たちのご家庭の都合もあると思いますので，どうしても用意できない場合はイラストなどでもよいでしょう。個々の実態に合わせて，素材は柔軟に選択させてあげてください。ちなみに，当然ですが 2 に記載した今回の基本表現が

きちんと使えそうなものを選ぶということが大切です。"I was ○○." と，当時の自分の様子がきちんとわかるものは必ず入れるように，プロジェクトの趣旨はきちんと伝えてあげてくださいね。

2 今回使う英語表現を確認する

　今回のプロジェクトも Chapter4（P.152）で紹介した "Food-1 Grand

Chapter4

学びが深まる！小学校英語×ICTの授業アイデア　5・6年生編

Prix"の活動と同様，基本的な英語表現を使うことは共通ですが，伝え方について子どもたちに委ねます。そうすることにより，使用する英語表現がより豊かになるからです。動画づくりを始める前に，まずは今回活用する英語表現を全体で確認します。

【英語表現】
(When I was little,) I was ○○ . I am ○○ now.
○○… big, little, tall, short, kind, quiet, loud, smart, silly, naughty など　※（　　）の表現や○○に入る単語は学級の実態に応じて設定。

　子どもたちは，上記表現を使って動画を作成しますが，当然，上記表現だけではその場面や状況をうまく伝えられないことに気づきます。そこで，他の既習表現も使って動画作成をするようになります。多くの子どもたちが使っていた表現例は以下の通りです。

【子どもたちが使った表現例】
I went to ○○ . /I ate 〜. /It was 〜.　　　…など

【英語が得意な子たちが使った表現例】
When I was ○ years old, I 〜. /It was my first time to 〜.　　…など

③ 小さい頃の自分と今の自分とを比較する動画をつくる

　英語表現の確認が終われば，いよいよ動画づくり。子どもたちは思い思いの方法で動画を作成します。iMovie で写真をつな

げて録音する子もいれば，Clips を使ってテキストやポスターを挿入しながらつくる子もいます。また，右の写真のように Avatarify：AI Face Animator を活用して（Chapter3 P.36 参照），自分が小さかった頃の写真を取り込み，その小さかった頃の自分にお話をさせたり，小さかった頃の自分との掛け合いを友達に撮影してもらったりする子もいました。中には，当時の友達を紹介したり，弟なども動画に登場させたりし，その子たちにも英語で紹介させている子もいました。

　ちなみに，たとえ同じ iMovie を使ったとしても，それらを複数項目同時に「昔のお話→今のお話」と時系列で伝える子もいれば，項目別に「（性格）昔→今，（習い事について）昔→今」のように説明する子もいました。さらに，今の自分の紹介も，その場で語っている動画を撮影する子もいれば，今のお気に入りの写真に録音する子もいました。

　子どもたち一人ひとりが，最も伝えやすい，相手に伝わりやすい方法で動画づくりをすることは，自分の思考とも合致しているため，当然英語のアウトプットのしやすさや，英語表現の幅の広がりにもつながります。ここは子どもたちの創造性に委ねてあげてください。

※ "When I was ○○，〜." のような表現が難しい子でも，Clips を活用して，"Baby" "3 YEARS OLD" のようなテキストやポスターを補助的に挿入したり，Keynote のスライドとライブビデオを組み合わせて動画を撮影することで，基本の英語表現だけを使って動画を作成したりできるので，英語の経験レベルによって生まれる，「伝わりやすさ」の問題や，英語表現・語彙のレベルの差から生まれる「コンプレックス」の問題等を軽減することもできます。

【著者紹介】

東口　貴彰（とぐち　たかあき）

1986年生まれ。

関西大学初等部教諭。元大阪教育大学附属平野小学校教諭。

世界に2,947人いる Apple Distinguished Educator の１人。

著書に，『小学校英語×ICT 「楽しい！」を引き出す活動アイデア60』『学級づくり×ICT　１人１台端末の普段使いアイデア55』，共著に『ICT×学級経営　GIGA スクールに対応した教室アップデート』『未来を「そうぞう」する子どもを育てる授業づくりとカリキュラム・マネジメント』（いずれも明治図書），『iPad を使った小学校プログラミング実践事例集』（Apple Books）等がある。

小学校英語サポート BOOKS

小学校英語×ICT　Part2
学びが深まる！活用術＆授業アイデア

2023年２月初版第１刷刊　Ⓒ著　者　東　　口　　貴　　彰

　　　　　　　　　　　　　発行者　藤　　原　　光　　政

　　　　　　　　　　　　　発行所　明治図書出版株式会社

　　　　　　　　　　　　　　　　http://www.meijitosho.co.jp

　　　　　　　　　　（企画）新井皓士（校正）新井皓士・高梨修

〒114-0023　　東京都北区滝野川7-46-1

振替00160-5-151318　　電話03(5907)6701

ご注文窓口　電話03(5907)6668

＊検印省略　　　　　組版所　日本ハイコム株式会社

Printed in Japan　　　　　　　ISBN978-4-18-324123-8

もれなくクーポンがもらえる！読者アンケートはこちらから